LA GUERRE
CONTRE
L'ALLEMAGNE

(1870-1871)

PAR

LE G^{AL} B^{ON} FAVEROT DE KERBRECH

PARIS

LIBRAIRIE PLON

PLON-NOURRIT ET Cie, IMPRIMEURS-ÉDITEURS

8, RUE GARANCIÈRE — 6^e

1905

Tous droits réservés

LA GUERRE

CONTRE

L'ALLEMAGNE

(1870-1871)

PARIS. — TYP. PLON-NOURRIT ET Cie, 8, RUE GARANCIÈRE. — 6787.

MES SOUVENIRS

LA GUERRE

CONTRE

L'ALLEMAGNE

(1870-1871)

PAR

LE G^{AL.} B^{ON} FAVEROT DE KERBRECH

PARIS

LIBRAIRIE PLON

PLON-NOURRIT ET Cie, IMPRIMEURS-ÉDITEURS

8, RUE GARANCIÈRE — 6^e

1905

Tous droits réservés

AVANT-PROPOS

A diverses époques de ma vie, j'ai pris le soin de noter sur un carnet spécial les principaux événements qui se déroulaient sous mes yeux. C'est ainsi que, pendant la guerre contre l'Allemagne, je griffonnais chaque soir, sur certain cahier rouge que connaissent bien mes intimes, ce que j'avais vu de saillant dans la journée. Du 25 juillet 1870, date de mon départ de Paris pour Metz, au milieu de mars 1871, je n'ai cessé d'y inscrire des notes.

Je tenais tellement à ne pas me séparer de

a

ce discret confident de mes pensées, que, lors de mon évasion des mains de l'ennemi, à Pont-à-Mousson, je l'emportai avec moi. Je l'avais placé sur ma poitrine, en dessous de vieux vêtements civils que m'avait donnés M. Schwœbel. C'était d'ailleurs parfaitement insensé, attendu que, si j'avais été arrêté et fouillé par quelque uhlan trop curieux, ma qualité d'officier français en rupture de ban devenait ainsi par trop facile à découvrir.

Ces notes ont pris, dans la suite, une importance qu'alors j'étais loin de prévoir. On y trouve, par exemple, dans le récit de la bataille de Sedan, cette phrase caractéristique : « ...Le général (Ducrot) m'envoie dire à Galliffet de charger sans retard... » Et plus loin : « Nous allons alors à Galliffet... Nous nous mettons à ses côtés pour ébranler ses escadrons à la charge... » Je le demande à tout homme de bonne foi. Ce document tout personnel, écrit deux ou trois jours après la bataille, sous le toit où tout l'état-major du premier corps avait cherché un abri, dans cette presqu'île d'Iges que l'histoire a dénommée « le Camp de la misère », n'est-il pas la preuve irréfutable que c'est bien le général de Galliffet qui avait pris, après la blessure mortelle du général Margueritte, le commandement de sa division, et qu'il était bien, au su et au vu de tous, général de brigade, puisque, malgré la présence de colonels de cette division plus anciens de grade, c'est auprès de lui que m'envoyait et que se plaçait lui-même plus tard le général Ducrot, pour lancer encore une fois sur l'ennemi ce qui restait des « braves gens » ?

Si j'insiste sur ce point, c'est pour souligner, sans fausse modestie, l'intérêt qui s'attache avec raison à des souvenirs fidèlement rédigés d'après des notes prises sur le vif des événements mêmes. Le public a d'ailleurs semblé le comprendre plus que je n'étais en droit de l'espérer, lorsque la plupart de ces récits ont paru dans *le Gaulois*, sous forme d'articles éphémérides.

Général FAVEROT.

Paris, octobre 1904.

LA GUERRE

CONTRE

L'ALLEMAGNE

(1870-1871)

I

LA GUERRE!

J'étais, depuis 1867, attaché comme officier d'ordonnance au général Fleury, Grand Écuyer. Ma mission consistait à monter, pour les rendre aussi agréables que possible, les chevaux de selle inscrits au rang personnel de l'Empereur. Ces chevaux étaient au nombre de douze, mais, sur les douze, deux étaient, conformément à la tradition, spécialement affectés au service du Grand Écuyer. Or, si Napoléon III avait été, dans sa jeunesse et son âge mûr, un remarquable cavalier d'extérieur, il commençait alors à souffrir cruellement du mal auquel il a succombé. Aussi restait-il quelquefois six mois sans enfourcher un cheval. On conçoit quelles devaient être, dans ces conditions, mes préoccupations, lorsque l'Empereur, passant outre aux recommandations de ses médecins, venait à demander ses chevaux de selle.

J'avais d'ailleurs entendu dire au général Fleury un matin qu'il sortait des Tuileries : « Quand je pense que certaines gens persistent à croire que l'Empereur désire la guerre !... S'ils savaient ce que je sais, ils comprendraient combien ce bruit est absurde. Voyez-vous un Napoléon dans l'impossibilité de monter à cheval un jour de bataille ? »

Cette réflexion m'est souvent, depuis, revenue à l'esprit lorsque, devant moi, s'est agitée la question si poignante des responsabilités dans nos désastres.

*
* *

Le général Fleury n'avait emmené avec lui à Saint-Pétersbourg, quand il y fut nommé ambassadeur, que le commandant baron de Verdière, attaché à sa personne depuis de longues années.

Digne à tous égards de l'affectueuse et absolue
confiance que notre chef éminent avait placée en
lui, son fidèle aide de camp lui avait voué en
retour un profond dévouement qui a survécu aux
mauvais jours...

Quant à moi, j'étais resté à Paris, en raison de
mes fonctions spéciales. Mais, sans qu'il y parût,
je ne pouvais plus m'en acquitter qu'au prix de
souffrances empirant chaque jour. Il m'était venu
au genou droit un kyste séreux qui s'enflammait
de plus en plus et devenait très douloureux dès
que j'étais à cheval. Je l'avais, au début, montré
au docteur Lebatard, la providence des cavaliers.
Il l'avait écrasé sous ses doigts, mais l'enveloppe
en devint bientôt tellement dure que je n'eus
plus la possibilité de le broyer dans un appareil
trop primitif, je le reconnais, que j'avais fait
fabriquer à mon idée, sans prendre l'avis de la
Faculté... J'allai alors consulter le docteur Verneuil, qui déclara une intervention chirurgicale
indispensable pour faire disparaître ce maudit
kyste. J'attendais donc impatiemment le mois de
septembre pour me livrer au bistouri du célèbre
professeur, parce que, à cette époque de l'année,

la Cour se rendait à Biarritz sans y emmener de chevaux de selle, ce qui me laissait plusieurs semaines de liberté que je pouvais utiliser à ma guise...

* *
* *

Tout à coup, l'horizon, clair jusque-là, s'assombrit. On est aux premiers jours de juillet. Une rumeur vague se répand... Le Prince Léopold de Hohenzollern aspirerait à devenir Roi d'Espagne... Si c'est vrai, si le Roi Guillaume n'empêche pas son parent de viser à un trône sur lequel la France ne saurait, sans s'amoindrir, le laisser s'asseoir, le comte Benedetti avait raison, il y a dix-huit mois, quand il annonçait la probabilité d'une semblable candidature « devant être suscitée par la Prusse, à son heure, comme un stratagème diplomatique destiné à affecter nos relations avec l'Allemagne... »

Nous connaissions, à la cour Caulaincourt, les lettres si vibrantes d'inquiétudes patriotiques qu'écrivait fréquemment à l'Empereur le général Ducrot, de son commandement de Strasbourg, et dont il envoyait toujours une copie au général

Fleury. Sentinelle avancée, constamment aux aguets, il était tenu au courant, par son service de renseignements, de tous les bruits courant dans le grand-duché de Bade et le Palatinat sur les projets belliqueux de la Prusse. Il répétait à satiété que les Allemands augmentaient sans cesse leurs armements, que leur mobilisation était remarquablement préparée et qu'ils guettaient fiévreusement une occasion d'entrer en campagne contre nous... Aussi l'annonce de la candidature Hohenzollern fut-elle pour moi l'éclair précédant l'orage.

*
* *

Le 8, le duc de Gramont enjoint au comte Benedetti de se rendre à Ems pour obtenir du Roi de Prusse qu'il invite, comme chef de famille, le Prince Léopold à renoncer à se mettre sur les rangs. Le Roi répond qu'il se refuse à intervenir dans une négociation à laquelle il est resté étranger, mais qu'il verra avec plaisir le retrait de cette candidature, si le Prince de Hohenzollern la retire de lui-même...

Sur une nouvelle insistance du comte Bene
detti, le Roi lui répète, le 11 à midi, que le Prince
doit renoncer spontanément au trône d'Espagne,
mais qu'il n'hésitera pas à approuver publique-
ment cette renonciation, si elle se produit. Il
charge notre ambassadeur de télégraphier cette
affirmation à M. de Gramont.

Le 12, ce dernier télégraphie à son tour au
comte Benedetti qu'il approuve son attitude, et il
insiste, dans une deuxième dépêche, pour que la
renonciation du Prince Léopold soit annoncée,
communiquée ou transmise « par le Roi de
Prusse ou son gouvernement » au gouvernement
français.

C'était pour calmer l'opinion publique surexcitée à l'excès par cette sorte de défi jeté, en pleine
paix, à la face de la France...

*
* *

Convaincu, malgré ces divers incidents, que la
guerre était imminente, j'allai voir le même jour,
aussitôt déjeuner, le colonel Borel, qui était alors
chef d'état-major de la garde nationale. Il me

reçut à son cabinet, place Vendôme. Je l'avais connu en 1864 au camp de Châlons, où je lui avais servi d'officier d'ordonnance pendant la durée des manœuvres que dirigeait le maréchal de Mac-Mahon, et où il commanda constamment l'ennemi figuré.

Il me manifesta tout son chagrin d'être rivé à Paris par ses fonctions, que l'on s'était décidé à lui conserver pour des raisons de politique intérieure. Sa jeune et charmante femme avait joint ses instances bien naturelles à celles de l'Empereur. Il me dit les larmes aux yeux : « Ce sera la première campagne que je n'aurai pas faite!... » Les événements allaient se charger d'exaucer son secret désir et l'avenir devait l'appeler à prendre plus tard le portefeuille de la guerre, honneur dont il était d'ailleurs absolument digne par ses éminentes qualités militaires.

*
* *

En quittant le colonel Borel, je traversai la cour des Tuileries pour regagner le Louvre. Je m'y croisai avec le lieutenant-colonel Sautereau :

« Vous savez la nouvelle? me cria-t-il de loin. — Laquelle? dis-je. La guerre est déclarée? — Pas du tout. C'est la paix. Entrez au salon de service. Ces messieurs vont vous le confirmer. » Je m'engageai aussitôt sous la voûte centrale du palais.

Mais à peine avais-je entr'ouvert la porte du salon en question que je m'arrêtai discrètement. J'avais aperçu, assis dans un fauteuil, l'Empereur en personne, qui causait familièrement avec ses officiers : « Entrez donc! » me dit Sa Majesté en remarquant mon hésitation. « C'est un grand soulagement pour moi, continua l'Empereur avec un accent de sincérité qui nous impressionna... Je suis bien heureux que tout se termine ainsi. Une guerre est toujours une grosse aventure... » A ce moment, un huissier se montra : « M. Émile Ollivier est aux ordres de Sa Majesté. — Je viens, » dit l'Empereur. Et il sortit.

J'appris alors que le duc de Gramont venait d'être avisé par M. Olozaga, ambassadeur d'Espagne à Paris, de la renonciation du Prince de Hohenzollern au trône de ce pays. Le plus difficile était donc obtenu. Il appartenait maintenant à notre diplomatie de manœuvrer assez habile-

ment pour faire accepter au public français l'annonce de ce désistement, comme une satisfaction
de nature à calmer les esprits déjà, hélas! bien
surchauffés.

*
* *

Le gouvernement de l'Empereur était, en fin
de compte, arrivé à son but par une pression
indirecte : la renonciation du Prince de Hohenzollern au trône d'Espagne. Mais on fut froissé à
Paris de n'avoir point appris par le Roi de Prusse
cette importante nouvelle. Elle ne fut notifiée
officiellement aux Tuileries que le lendemain 13,
par le comte Benedetti, qui ajoutait : « Le Roi
m'a autorisé à faire savoir au gouvernement français qu'il approuve cette résolution... »

La sagesse eût peut-être voulu qu'on se contentât de cette parole royale. Mais l'opinion publique était montée à un tel diapason qu'elle exigeait davantage.

Le duc de Gramont chargea le comte Benedetti de demander au Roi de Prusse une déclaration « verbale » nous garantissant contre le retour d'une pareille candidature, que nous ne pouvions subir... Le Roi fit répondre par le prince Radzi will, son aide de camp, « qu'il donnait son approbation entière et sans réserve au désistement du Prince, mais qu'il ne pouvait faire davantage. »

C'était catégorique, mais ce n'était pas encore le refus brutal de toute négociation ou conversation ultérieure.

Comme il en fit l'aveu plus tard, avec un effrayant cynisme, le comte de Bismarck allait travestir la vérité dans un document lancé aux quatre coins du monde...

Il devisait avec le comte de Moltke et le ministre de la guerre de Roon, lorsqu'on lui remit une dépêche d'Ems exposant simplement les faits, tels qu'ils venaient de se passer. Saisissant un crayon, il mutila le télégramme et en falsifia le texte, lui faisant dire que le Roi « avait éconduit l'ambassadeur de France ». Il infligeait ainsi au gouvernement impérial une humiliation mensongère, qui l'obligeait à prendre l'initiative d'une rupture...

Les vœux du chancelier de fer étaient exaucés.

*
* *

L'Empereur Napoléon avait précédemment tenté, par son très habile et fidèle ambassadeur, d'obtenir que le Tsar Alexandre s'interposât pour empêcher la guerre. Voici comment je l'ai appris. Ce devait être, je crois, en 1878. J'avais dîné chez le général Fleury avec le comte Le Hon, l'un des princes Troubetzkoï et quelques autres invités. En sortant de table, on venait d'allumer les cigares, lorsque la conversation tomba sur les événements qui avaient précédé, en 1870, la déclaration de guerre.

« L'histoire saura un jour, nous dit le général, que si cette terrible guerre n'a pas été conjurée, c'est que l'Empereur Napoléon III n'a pas voulu abandonner l'Angleterre... Mon infortuné souverain m'avait ordonné de voir sans délai Sa Majesté l'Empereur Alexandre II, auprès duquel j'étais accrédité, et de lui demander, comme un service personnel, sa puissante et énergique intervention auprès du Roi Guillaume pour assurer le maintien de la paix. Le Tsar

Alexandre daigna m'écouter avec une grande attention, puis il me dit :

« Il m'est sans doute possible d'empêcher la guerre. Mais la Russie ne saurait s'interposer dans un conflit aussi grave sans en retirer, pour prix de ses bons offices, un important avantage diplomatique. Demandez donc à votre Empereur s'il consentirait, en échange de mon intervention, à l'annulation du traité de Paris, de 1856. »

Cette réponse fut immédiatement télégraphiée à Paris, et je recevais, quelques heures après, une dépêche de l'Empereur Napoléon, disant en substance : « L'Angleterre a toujours été pour moi une alliée fidèle. Je ne puis manquer aux engagements que j'ai contractés envers elle. »

Quand le Tsar Alexandre en eut pris connaissance, il me dit tristement : « Alors, malgré toute mon amitié pour votre Empereur et pour la France, je suis obligé de laisser les événements suivre leur cours... »

*
* *

Eh bien ! malgré ce premier échec, malgré le sanglant et criminel affront que le comte de Bismarck infligeait à son gouvernement, malgré la terrifiante effervescence populaire qui menaçait d'emporter son trône, s'il n'obéissait pas à la poussée formidable de l'opinion affolée, l'Empereur Napoléon voulut encore une fois, avant de tirer l'épée, essayer d'arrêter à sa source l'effroyable ruisseau de sang qui allait couler.

Il télégraphia au général Fleury de se rendre sans retard auprès de l'Empereur Alexandre, de lui démontrer que le comte de Bismarck avait fait de l'incident d'Ems une relation dénaturée, et de le prier d'écrire à son oncle le Roi de Prusse, pour lui faire comprendre combien son chancelier avait volontairement altéré les faits.

Il était fort tard quand le général Fleury reçut cette dépêche. Il partit aussitôt avec le commandant de Verdière, son aide de camp, pour Tsarskoë-Sélo, où se trouvait la Cour. L'Empereur Alexandre ne rentra qu'à une heure très avancée de la nuit. Le général Fleury se fit néanmoins annoncer. Il fut aussitôt reçu. Se faisant l'interprète ému et pressant de son souverain, le général supplia le Tsar de se laisser convaincre, par l'exposé scrupuleusement exact qu'il fit des événements d'Ems, du parti pris évident du gouvernement prussien. Alexandre II en fut si vivement impressionné que des larmes lui vinrent aux yeux. Il écrivit sur l'heure au Roi Guillaume...

Mais ce fut inutile. Ainsi que l'avait si bien prévu Bismarck, le torrent débordait, entraînant tout sur son passage, et, quelques heures plus tard, la guerre était déclarée...

II

A METZ

Pendant que la Cour était à Saint-Cloud, un brougham attelé en poste venait chaque matin me prendre au Louvre pour me conduire rapidement aux écuries du château, et me ramener à Paris quand j'avais fini de monter les chevaux.

Le 16 juillet, à peine étais-je descendu de voiture que j'allai au salon de service, où je trouvai le colonel Stoffel. Il avait quitté Berlin la veille, était à arrivé à Paris à cinq heures du matin, et était venu directement à Saint-Cloud. Il mangeait un œuf sur le plat avant d'entrer chez l'Empereur, qui terminait sa toilette : « Eh bien! Stoffel, lui dit devant moi le général Bourbaki, qui était ce jour-là l'aide de camp de service, il est trop tard maintenant pour nous bercer d'illusions : dites-nous carrément, là, entre nous, qui va recevoir une pile? — Mais, dit le colonel, je n'éprouve aucune hésitation à vous répondre, mon général. Je crois fermement que la France finira par avoir le dessus. Seulement ne vous figurez pas que ce sera facile. La Prusse est remarquablement préparée. La lutte sera longue et meurtrière. » Il entra ensuite dans des détails sur la comparaison des deux armées. Il dit notamment que l'artillerie allemande, étant obligée d'atteler six chevaux à ses lourdes pièces, serait plus longue à mettre en ligne et moins mobile que la nôtre, dans laquelle quatre suffisaient, etc...

Qu'on relise la proclamation de l'Empereur au peuple français, datée de Saint-Cloud, au moment de son embarquement pour l'armée, et l'on y verra comme un reflet de cette conversation, qui s'est sans doute trouvée être une sorte de « répétition » de la thèse qu'allait développer devant son souverain le distingué colonel, dont les rapports ont fait tant de bruit et dont une mesquine rancune de M. Thiers a brisé prématurément la carrière.

*
* *

Le 19, j'apprenais que j'étais nommé écuyer de l'Empereur pour la durée de la guerre, en même temps qu'Olivier d'Aure, le fils du célèbre comte, était attaché, avec le même titre, au Prince Impérial.

J'étais très heureux de l'honneur qui m'était fait, mais terriblement anxieux. Et mon genou, me disais-je, que le professeur Verneuil a déclaré inguérissable sans opération?... J'imaginai de faire faire une genouillère avec un fort bourrelet circulaire, formant en son milieu une sorte de « fontaine » pour y loger mon kyste...

Le lendemain, à la première heure, j'essayai cet appareil de mon invention. J'avais fait amener un cheval au manège de l'Empereur, dans la cour Caulaincourt. Je l'enfourchai fort ému : au pas, je ne sens rien ; au trot, pas davantage ; au galop, rien non plus... J'étais sauvé ! Je remontai chez moi tout joyeux.

Je m'empresse d'ajouter que, malgré les noirs pronostics de la Faculté, l'absence de frottement

suffit sans doute pour guérir mon mal, car en décembre suivant, toute trace en avait absolument
disparu... sans bistouri.

*
* *

La veille de notre départ pour l'armée, je dé-
jeunai au café d'Orsay avec ce pauvre Robert de
Vogüé, si sympathique et si charmant, qui devait
être tué glorieusement quelques jours plus tard
à Frœschwiller. Il était officier d'ordonnance du
maréchal de Mac-Mahon et avait été mon camarade de compagnie à Saint-Cyr. « Figure-toi, me
dit-il quand nous fûmes dans la rue, que le maréchal est dans la joie : l'Empereur lui a accordé
ce matin ce qu'il désirait si vivement. Il va avoir
une armée composée en partie de troupes d'Afrique, avec des généraux comme Ducrot, Douai, etc.
Dès qu'elle sera mobilisable, nous franchirons le
Rhin et nous piquerons droit sur Berlin, en enfants perdus! C'est un coup d'audace. Mais nous
séparons ainsi l'Allemagne du Sud de la Prusse
et nous déroutons toutes les combinaisons de de
Moltke et Cie... »

Hélas! l'idée était très française et bien ten-
tante. Mais, pour marcher il faut des troupes, des
munitions, des approvisionnements... Les troupes
furent longues à réunir. Les approvisionnements
n'existaient pas sur place et n'arrivèrent pas en
temps convenable.

Quand, un peu plus tard, l'armée de Lorraine
fut concentrée autour de Metz, elle fut de même
immobilisée parce qu'on n'avait rien de ce qui
était nécessaire pour prendre une offensive hardie
et rapide.

Dînant, le 29 juillet, à la table du général Bourbaki, commandant en chef de la garde impériale,
je me penchai vers lui au milieu du repas et lui
dis à voix basse : « Pourquoi ne marchons-nous
pas à l'ennemi, mon général? Qu'attendons-nous? »
Je le savais le plus audacieux, le plus « mordant »
de nos généraux. Il me répondit à l'oreille : « Nous
manquons de tout ce qu'il faut pour aller de
l'avant. Ne m'en demandez pas davantage. J'en-
rage autant que vous. »

*\
* *

Et, pendant ce temps, la mobilisation de l'armée allemande se faisait lentement, méthodiquement, mais avec des hésitations, des tâtonnements, des changements dans les ordres de concentration. Le grand état-major était loin d'être rassuré. J'en ai eu, d'une façon assez inattendue, la confirmation par un témoignage émanant de Bismarck en personne.

Quand le Chah de Perse vint pour la première fois en France, en 1873, le maréchal de Mac-Mahon me chargea d'organiser tout le service des daumonts et autres voitures nécessitées par la présence de cet auguste visiteur, qui fut logé, avec sa suite, dans l'hôtel de la présidence de l'ancien Corps législatif. Pendant tout le mois que dura son séjour à Paris, je mangeai matin et soir à la table qui y était spécialement servie pour le grand vizir et les ministres qui l'accompagnaient. Tous ces hauts personnages avaient d'ailleurs été élevés en Europe. Ils parlaient le français avec la plus grande facilité, et les repas étaient fort intéressants.

Je ne sais comment le grand vizir fut amené à raconter la visite qu'il avait faite peu auparavant au prince de Bismarck, à Berlin. Il nous apprit qu'ayant dit, dans la conversation, que le monde entier avait été frappé des rapides succès de l'armée allemande en 1870, le chancelier l'avait interrompu en s'écriant : « Oui, nous avons eu de beaux succès dans cette campagne. Mais nous avons été bien inquiets au début. De Moltke me disait : « Avec ces diables de Français, il faut « s'attendre à tout. S'ils venaient se jeter comme « des fous au milieu de notre mobilisation, je ne « sais pas trop ce qui arriverait... » Ce n'est que le jour où tous les mouvements de concentration ont été terminés que nous avons été tranquilles. De Moltke, au moment du déjeuner, s'est avancé vers moi en se frottant les mains : « Maintenant, « m'a-t-il dit, je les tiens ! »

*
* *

Le 25 juillet, je partais pour Metz à 7 h. 50 du

soir, avec Rainbeaux et Olivier d'Aure. Dans le même train que nous étaient le colonel Verly et d'autres officiers : « Que je vous présente, me dit d'Aure, au commandant de La Hayrie, mon ancien camarade du Mexique. » Et il le fit monter dans notre compartiment. C'était un admirable soldat, loyal et brave comme son sabre. Il était, de plus, doué d'une force herculéenne. On raconte qu'étant caserné, après le siège de Paris, à Courbevoie, avec son régiment, il se croisa un soir, sur le pont, avec une sorte de colosse, d'aspect peu rassurant, qui, à la vue de son uniforme, l'injuria en le traitant de capitulard : « Tais-toi, lui dit La Hayrie, car il pourrait t'en cuire. — De quoi? répondit l'autre. — Je dis que je ne suis pas d'humeur à me laisser insulter. — Eh bien! je te répète que tu n'es qu'un sale capitulard! » A ce mot, perdant patience, La Hayrie, nouveau Porthos, abattit d'un coup de poing son insulteur, qui ne se releva pas...

*
* *

A Metz, on nous logea à l'hôtel de l'Europe, déjà

presque bondé de généraux, d'intendants, etc.,
dont plusieurs étaient accompagnés de leurs
femmes.

Le 27, deux officiers badois, faits prisonniers
par une reconnaissance du 12ᵉ chasseurs, dînèrent
à la table du maréchal Lebœuf.

Le 28, l'Empereur, paraissant en bonne santé,
fit son entrée en ville, avec le Prince Impérial,
au milieu des acclamations. Le Prince Napoléon
faisait partie de l'état-major.

Le 31, à huit heures, il y eut messe à la cathé-
drale. L'Empereur s'y rendit à pied, ayant le Prince
Impérial à sa droite. Le Prince Napoléon y assista
également avec le maréchal de Mac-Mahon, qui
repartit à midi pour regagner son corps d'armée.

Le 1ᵉʳ août, après le dîner, l'Empereur me demanda quels chevaux il avait à monter. Je déclarai
que Héro et Marignan étaient très sûrs et très
sages au feu et j'ajoutai que le comte Davillier,
Premier Ecuyer, avait fait mettre au rang de Sa
Majesté un cheval de l'Impératrice, appelé Phœ-
bus, dont on pouvait également répondre. Tous
trois étaient alezans, robe que Napoléon III affec-
tionnait particulièrement.

Le 2, l'Empereur, parti à neuf heures, arriva vers onze heures sur le lieu du combat. Il était accompagné du général Favé, aide de camp, du comte Davillier, du capitaine de Lauriston, officier d'ordonnance, et du baron Corvisart, son chirurgien. Le Prince Impérial avait avec lui ses aides de camp, le commandant Lamey et le comte Clary, et son Premier Écuyer, Bachon.

On sait que l'affaire de Sarrebruck se borna à une escarmouche assez insignifiante. A deux heures, tout était terminé. Néanmoins, nous eûmes un certain nombre de blessés, un officier et quelques hommes tués. L'Empereur montait Héro. A un moment donné, il s'avança pour mieux voir l'effet de nos obus, jusqu'à la ligne de nos tirailleurs. Le jeune Prince, qui était à ses côtés, reçut crânement le baptême du feu. Il salua avec beaucoup de naturel le sifflement des premières balles en ôtant son képi...

*
* *

L'Empereur mangeait à Metz avec ses aides de camp, les généraux de Béville, prince de la Moskowa, Castelnau, Lebrun, Favé, Pajol, etc. Le général Changarnier, oubliant ses griefs passés, était venu se joindre à l'état-major de l'Empereur, qui, très touché de cette démarche, tout à l'honneur du vieux général, lui avait fait le plus cordial accueil.

Les officiers d'ordonnance, les écuyers, le commandant Rouby, chargé des cartes, et quelques autres personnages de la maison formaient une seconde table où l'on était, au début, fort gai.

Le 4, à dîner, je remarque la figure bouleversée de Piétri. On lui apporte une longue dépêche. Il sort. Il rentre. Il semble préoccupé... Nous n'osons pas lui en demander la cause.

Au sortir de table, nous voyons l'Empereur déployer des cartes dans le salon. Il appelle le commandant Rouby. Il fait signe au général Lebrun et se retire avec lui dans son cabinet... Tout le monde semble consterné... Nous apprenons alors que les Prussiens ont écrasé une de nos divisions à Wissembourg. On dit le général Raoult et le général Abel Douai tués tous deux ou blessés grièvement...

Cette nouvelle était douloureuse et grave en

ce qu'elle indiquait chez l'ennemi la détermination de faire ce que nous ne faisions pas, c'est-à-dire de foncer sur nous, tête baissée. Mais il me parut qu'on prenait un peu trop au tragique, chez les généraux formant l'entourage immédiat de l'Empereur, un simple incident de guerre. C'était évidemment une sévère leçon. Mais la partie suprême n'était ni perdue ni même compromise parce que, attaqués par des forces supérieures, dans une position mal étudiée, quelques milliers des nôtres avaient subi un sanglant échec après une magnifique résistance...

III

DE METZ A CHALONS

Le 5 août, au réveil, on est plus calme. On dit
que Mac-Mahon a appelé à lui le 7ᵉ corps (Douai)
et le 5ᵉ (de Failly). Il télégraphie qu'il est tranquille.

L'Empereur, ce même jour, se décide à in-
vestir le maréchal de Mac-Mahon du commandement en chef des forces d'Alsace et à placer toute
l'armée de Lorraine sous les ordres du maréchal
Bazaine. Chacun applaudit à cette mesure, qui
semble sage et rationnelle.

Le 6, l'Empereur devait partir après déjeuner,
avec nous tous, pour Saint-Avold, où l'on allait
prendre l'offensive. Les chevaux de selle étaient
prêts. On était déjà installé dans les wagons,
quand arrive, à deux heures, une dépêche de
Frossard, annonçant qu'il est attaqué sur toute

sa ligne, mais qu'il tient bon et n'a aucune inquiétude...

L'Empereur se décide à attendre à Metz des
nouvelles des autres corps. Et puis le silence de
Mac-Mahon l'inquiète. Il envoie vers lui Kleinenberg, l'un de ses officiers d'ordonnance, pour le
renseigner dès qu'il le pourra. Mais Kleinenberg
télégraphie vers le soir qu'il n'a pas pu passer;
que les routes sont encombrées de blessés et de
fuyards et qu'il lui semble, d'après ce qu'il voit
et entend dire, qu'il a devant lui le spectacle
d'une déroute complète. Il ignore où est Mac-
Mahon.

Dans la soirée arrivent aussi des télégrammes
de Frossard, de plus en plus inquiétants. Il a dû
évacuer ses positions premières, puis Forbach,
puis... plus rien !

*
* *

Cette fois-ci, hélas ! il n'y a plus à se faire d'il-
lusion : c'est un double désastre. C'est un terrible coup que reçoit, au début des hostilités, le
moral de nos troupes... Mais enfin, deux corps

seuls ont donné et paraissent avoir été, il est vrai, à peu près anéantis... Mais les autres sont intacts. Mais les ressources du pays sont immenses...

C'est quand les circonstances deviennent de plus en plus graves, quand, pour les âmes insuffisamment trempées, tout paraît à jamais compromis, que les génies comme Napoléon et les sublimes entêtés comme Pélissier à Sébastopol et Skobeleff à Plewna s'élèvent au-dessus du vulgaire, dominent les situations et domptent les événements.

Dans ces heures douloureuses, on juge les caractères. Je suis obligé de l'avouer : le 6 août au soir, alors que, consternés, nous recevions au quartier impérial ces télégrammes successifs et navrants, je n'ai pas trouvé chez les généraux dans l'atmosphère desquels vivait l'Empereur, le calme, la pondération, la fermeté réconfortante que j'aurais été heureux de saluer chez ces vieux soldats qui, tous, avaient fait la guerre, et qui étaient les conseillers naturels et indiqués de leur souverain...

Les idées les moins raisonnables furent émises.

Mais le plus violent de tous fut précisément le
général Lebrun, qui était en partie l'éditeur res-
ponsable de nos malheurs présents, qui avait été,
dans la coulisse, l'inspirateur du « plan de campagne », et qui avait à la longue fait prévaloir la
théorie des petits paquets disséminés le long de
la frontière pour en empêcher la violation... Ce
soir-là, il nous fit à nous autres, les jeunes, une
impression pénible. Se laissant aller à une excita-
tion que la présence de l'Empereur aurait dû, tout
au moins, contenir, il traita d'incapables et
d'ignorants ses camarades malheureux, et ne
parla de rien moins que de les faire fusiller!...

*
* *

Une personnalité grandit cependant beaucoup,
ce même soir, dans mon esprit. Je veux parler
du général de cavalerie Pajol, dont le sang-froid,
le bon sens et la saine appréciation des événements finirent par rappeler les exaltés à la raison... J'admirai également l'Empereur, qui sut
rester calme au milieu de ces divagations et ne
laissa pas échapper une parole de blâme contre

ceux de ses généraux qui venaient d'être mis en déroute et rendaient désormais si grosse la responsabilité que lui, chef suprême de l'armée, endossait fatalement.

Mais je songeai douloureusement qu'en un moment si angoissant, il n'avait auprès de lui aucun guide réfléchi, susceptible de l'éclairer, quand tous ceux que leur situation mettait à même de le faire se laissaient aller au découragement ou à la colère. Cet ami des anciens jours, ce conseiller fidèle et sûr, dont l'intelligence supérieure et l'esprit prodigieusement fécond auraient su dominer les circonstances et dicter les suprêmes et décisives résolutions, j'ai toujours pensé, avec le vaillant maréchal Canrobert, que c'était le général Fleury qui en réalisait l'idéal. S'il est vrai que sa présence à Saint-Pétersbourg a été des plus utiles à la France, grâce à la situation unique qu'il s'était acquise auprès de l'Empereur Alexandre II, il est non moins certain que l'ascendant si justifié et si discret qu'il savait exercer dans les cas graves, sur Napoléon III, aurait pu avoir des conséquences incalculables sur la marche des événements militaires.

*
* *

Le 7, en vertu d'un ordre subit, je pars pour le camp de Châlons par train spécial, emmenant avec moi tous les chevaux et équipages qui, jusqu'à nouvel ordre, ne sont pas indispensables à Metz, pour le service de l'Empereur et de sa maison.

En passant à Frouard, je vois un assez grand nombre d'éclopés et de débris du corps de Mac-Mahon, qui sont évacués ou « s'évacuent » eux-mêmes sur Châlons. Le célèbre tailleur des guides, Paule, monte dans mon compartiment. Il m'apprend qu'il arrive de Strasbourg et que, sur tout son parcours, il a aperçu des hommes de toutes armes dans le plus grand désordre et le plus piteux état.

Décidément, la déroute du 1ᵉʳ corps a été complète. Mais les Prussiens n'avaient pas encore paru le 7, à midi, sur la voie du chemin de fer de Strasbourg à Nancy.

J'arrive dans la nuit au camp de Châlons, et le 8, à la première heure, je vais saluer le maré-

chal Canrobert. Je constate avec bonheur que lui,
du moins, n'a pas perdu la tête. Quand je lui fais
part de mes craintes et de ma désolation d'avoir
laissé l'entourage de l'Empereur si démoralisé, il
me dit : « Vous allez voir que je pense comme
vous. Le maréchal de Mac-Mahon m'a envoyé,
le 6, au soir, un télégramme ainsi conçu : « J'ai
« perdu la bataille. Envoyez-moi cent mille ra-
« tions. » J'ai répondu : « Je vous expédie les
« cent mille rations demandées, mais je ne sache
« pas, monsieur le maréchal, que vous ayez pu
« perdre une bataille avec un seul corps d'ar-
« mée engagé. Ce n'a pu être qu'un combat
« malheureux... » J'ai voulu ainsi lui marquer
que, Dieu merci, il reste encore debout tous les
autres qui n'ont pas donné... »

*
* *

Le 11, en déjeunant, je reçois une dépêche du
Premier Écuyer, m'ordonnant de diriger sur Paris
une partie de mon personnel et de mon matériel, et de revenir ensuite à Metz avec tout ce

qui restera de la maison de l'Empereur et de la maison militaire.

Le chemin de fer n'ayant pu me préparer un train spécial ce même jour, je dus attendre au lendemain. A Châlons, le chef de gare m'annonce que la ligne est l'objet de tentatives réitérées faites par les uhlans... Ayant avec moi des voitures contenant certains papiers importants de l'Empereur, j'hésite à compromettre ce matériel en l'exposant à un coup de main. Je télégraphie à Metz. On me répond : « La ligne n'est pas coupée. Partez le plus tôt possible ». Je pars donc, mais fort inquiet. A Frouard, on me montre des cadavres de chevaux laissés par des Prussiens qui ont attaqué un train dans la nuit. A Pont-à-Mousson, au petit jour, j'apprends que la veille il y a eu un combat dans lequel la brigade Margueritte — 1er et 3e chasseurs d'Afrique — a attaqué et défait un parti de cavalerie ennemie qui était en train d'y couper la voie.

Enfin j'arrive sans encombre à Metz. On y était moins rassuré que la veille et l'on craignait que mon convoi ne fût arrêté et capturé... C'est d'ailleurs le dernier qui ait pu passer librement

entre cette ville et Frouard avant l'investissement...

*
* *

A Metz, je vais au bivouac du 3ᵉ chasseurs
d'Afrique, où mon neveu, Albert de la Hubaudière, est maréchal des logis. J'y vois le lieutenant-colonel de Liniers, qui a été mon capi-
taine-instructeur à Saint-Cyr, et mes camarades
Linage et Boisaubin. Le colonel de Galliffet me
dit : « Mon cher, c'en est fait de l'Empire. Ma
conviction est que nous valons mieux que les
Prussiens; mais on nous a engagés bêtement. »

Il est certain que la cause première de nos
défaites en 1870 a été le défaut de « prépara-
tion ». L'issue heureuse de la campagne de 1859,
en Italie, où tout fut également improvisé, avait
laissé d'étranges illusions à ceux dont la mission
était, pendant la paix, « d'organiser la victoire »
pour les guerres futures. Aucun plan de mobilisation n'avait été sérieusement élaboré, de façon
que nous avons été immobilisés partout par l'impossibilité matérielle de rien entreprendre avant

l'arrivée des éléments indispensables à toute offensive énergique...

Je ne sache pas de scène plus grande et plus émouvante que la visite faite à Chislehurst par le maréchal Lebœuf à Napoléon III, déjà couché dans son cercueil. On raconte que l'infortuné maréchal, apercevant, glacé par la mort, son souverain déchu, tomba à genoux et s'écria d'une voix étouffée par les sanglots : « Pardon, Sire ! »...

*
* *

Le 14, je vais, sans bruit, faire le logement à Longeville, où l'Empereur doit coucher. Tout à coup, on entend le canon. C'est Steinmetz qui attaque les troupes que Bazaine fait passer sur la rive gauche. Mais, par ordre supérieur, on évite de laisser prendre de l'importance à ce combat, pour ne pas ralentir le mouvement de l'armée à travers Metz, mouvement qui se prolonge toute la nuit.

Le 15, fête de l'Empereur, tout est prêt dès le matin pour le départ. Au moment où nous montons à cheval, une batterie ennemie vient sur la rive droite, canonner la route qui longe la Moselle.

L'Empereur s'engage dans un étroit chemin qui serpente le long du mont Saint-Quentin. Il gagne ensuite « le Point du Jour », où nous restons fort longtemps en observation. Vers le soir, nous entrons dans une auberge de Gravelotte, où nous passons la nuit.

*
* *

Le 16, à quatre heures et demie du matin, je prends la direction d'un important convoi constitué par toutes les voitures des Écuries, portant les bagages de l'Empereur et sa suite. On me donne, pour l'escorter, un escadron de guides, deux pelotons de gendarmerie à cheval et un bataillon de grenadiers de la garde... Comme j'entends marcher vite, je laisse ce bataillon derrière moi, et je file avec le reste de l'escorte, trottant le plus possible. Mais les voitures étaient fort lourdes. Elles se composaient, en grande partie, de « caravanes », de « pourvoyeuses » et de fourgons, chargés de caisses à bagages, d'argenterie, de sellerie, de papiers d'État et de serviteurs. Aussi les chevaux, qui les traînaient, étaient-ils très fatigués quand nous arrivâmes à Étain, où je devais coucher avec le convoi.

En cours de route, je serre la main à Biré et Villeneuve, des lanciers de la Garde, qui, avec les dragons de l'Impératrice, venaient d'escorter l'Empereur et avaient été relevés par la brigade Margueritte, de la division du Barail.

Ces magnifiques régiments de la Garde impériale devaient prendre, quelques heures plus tard, une part glorieuse à la grande charge de la journée, mêlée confuse et gigantesque où des masses de cavalerie s'abordant à l'arme blanche tourbillonnèrent brillamment pendant plusieurs minutes, sans grands résultats de part et d'autre. Rencontrant, peu de temps après la guerre, ce même Elzéar de Villeneuve, qui avait été mon camarade au 6ᵉ de hussards, je lui demandai s'il avait chargé en 1870. Il me répondit : « Oui, le 16 août. — Quelle sensation ajoutai-je, avez-vous éprouvée dans la mêlée? — Ma foi, rien de bien particulier, me dit-il, et je vais vous en donner la raison. J'avais eu l'idée, en partant pour la charge, de tenir dans la main droite, au lieu de mon sabre, mon revolver prêt à faire feu. Quand les cavaliers allemands m'ont vu arriver ainsi sur eux au galop, ils se sont ouverts pour me laisser passer. Et je les ai traversés trois ou quatre fois, le revolver toujours braqué sur eux, sans qu'aucun ait cherché à me barrer le passage ou à m'attaquer avec son sabre ou sa lance. »

Cette conversation me frappa d'autant plus que, devant personnellement la vie, ainsi que je le raconte plus loin, au revolver du brave Petit, alors maréchal des logis chef de gendarmerie, qui a empêché, à la Malmaison, un Prussien placé à dix pas de nous, derrière un mur, de sortir la tête de son abri pour m'envoyer une balle de son fusil, j'ai conservé à cette arme une reconnaissance qui suffirait à expliquer la foi que j'ai en elle...

*
* *

En arrivant à Étain, je vais directement à un hôtel où sont encore à table les officiers de la maison de l'Empereur, qui va d'ailleurs repartir dans quelques instants. J'y trouve le Premier Écuyer, qui me prescrit de gagner Verdun avec tout mon convoi, dès que chevaux et hommes auront mangé. Je fais observer que mes attelages sont fatigués. Le comte Davillier me répond, sans autre explication, que les ordres sont formels et que je dois me remettre en route le plus tôt possible.

Étonné de ce mystère, je questionne Rainbeaux, Massa, Canisy... On finit par m'avouer que, d'après les derniers renseignements, un fort parti de cavalerie allemande, avec du canon, a été lancé à la poursuite de l'Empereur, qui passera sans doute sans être rejoint, mais que mon convoi est considéré comme très compromis.

Je cours chez le maire. Je l'interroge. Il me confirme les bruits qui circulent. Je lui remets un ordre écrit signé de moi, au nom de l'Empereur, d'après lequel il va sur-le-champ réquisitionner toutes les voitures attelées de sa commune pour y faire monter, dès qu'il sera en vue, le bataillon de grenadiers de la Garde qui me suit, et le diriger à toute allure sur Verdun.

« Avec les cent cinquante ou deux cents fusils de

mon escorte à cheval, lui dis-je, je pourrai sans doute tenir un certain temps, si je suis attaqué, ce qui permettra peut-être aux grenadiers de me rejoindre avant que j'aie été écrasé... » Je laisse à peine aux chevaux et aux hommes une heure pour manger, et je repars avec tout mon convoi.

Chemin faisant, je me fais éclairer au loin de tous côtés, très anxieux... Mais rien ne m'est signalé, et j'atteins les côtes de Meuse sans incident.

En entrant dans la gare de Verdun, j'apprenais que l'Empereur et sa maison venaient de partir pour Châlons dans des compartiments de 3e classe, à défaut d'autres. J'embarquai aussitôt mes voitures et mes chevaux, et le soir je me dirigeai avec tout ce convoi sur le camp, en compagnie de d'Aure et de Canisy, comme moi dans des wagons à bestiaux.

Le 16, à quatre heures du matin, nous arrivions à Saint-Hilaire, d'où nous gagnions, avec nos chevaux éreintés, le quartier impérial. J'ignorai longtemps ce qui s'était passé pour mon bataillon de grenadiers, dont je n'avais pas eu de nouvelles à Verdun. J'ai su plus tard que mon ordre avait été ponctuellement exécuté et que le bataillon tout entier était monté sur les voitures réquisitionnées par le maire et aurait certainement rattrapé à temps mon convoi, si j'avais été attaqué en route...

*
* *

L'Empereur trouva au camp le maréchal de Mac-Mahon et le général Trochu, qui venait d'être nommé gouverneur de Paris.

Renonçant définitivement à commander en personne, il réduisit sa maison militaire au strict minimum. C'est ainsi que les généraux de Béville, Lebrun, Favé et plusieurs officiers d'ordonnance reçurent diverses situations nouvelles.

Le 18, je fus averti par le comte Davillier que je cessais également mes fonctions d'Écuyer de l'Empereur. Je me préparais à rejoindre mon régiment, qui ne faisait encore partie d'aucune armée, quand Bachon me dit : « Mais allez donc voir le général Ducrot. Il vient d'être nommé au commandement du 1er corps. Il vous connait. Peut-être vous prendra-t-il comme officier d'ordonnance ». En effet, le général Ducrot accueillit ma demande avec un empressement dont je fus très touché.

Il y avait cependant une difficulté à tourner. N'appartenant pas à un régiment du corps d'armée commandé par cet officier général, je ne pouvais pas, régulièrement, être détaché auprès de lui. A la prière du comte Davillier, l'Empereur voulut bien demander au maréchal de Mac-Mahon de fermer les yeux sur cette irrégularité, et Sa Majesté m'apprit elle-même, après dîner, que tout était arrangé...

* * *

Le 19 au matin, j'allai me mettre aux ordres de mon nouveau général. Ne faisant plus partie de la maison de l'Empereur, je dus reverser au service des écuries les chevaux, les cantines et tous les effets de harnachement avec lesquels j'étais entré en campagne. Il me fallut donc partir aussitôt pour Paris pour m'y remonter et m'y équiper entièrement.

J'allai, le soir de mon arrivée, dîner au Sporting. On m'y fit naturellement causer de ce que je venais de voir et d'apprendre. Je ne crus pas devoir cacher à mes camarades de cercle que les nouvelles de Metz étaient mauvaises, d'après ce que m'avait dit le général Ducrot, sans me recommander d'ailleurs de le garder pour moi.

Or, le lendemain matin, 20, je fus mandé à la première heure chez le général Schmitz, chef d'état-major général du gouverneur de Paris. C'était pour m'inviter, à l'avenir, à plus de réserve dans mes discours. Quelqu'un avait rapporté en haut lieu ma conversation de la veille et l'Impératrice s'en était émue.

Ayant pu rencontrer quelques instants plus tard un de ses chambellans, mon ami Artus de Cossé-Brissac, je le chargeai de témoigner à Sa Majesté tout mon chagrin de m'être rendu coupable, à mon insu, d'une imprudence de langage, et de l'assurer de mon très respectueux et inaltérable dévouement. Je me souviens que j'ajoutai : « Je souhaite, mon pauvre ami, si nous sommes à la veille de douloureux événements intérieurs, que l'Impératrice n'ait jamais de fidélité plus douteuse que la mienne à mettre à l'épreuve... »

*
* *

Je n'avais pas de temps à perdre. Il n'y avait plus rien à l'École de dressage de Montrouge. J'allai aux Champs-Élysées, dont je connaissais tous les marchands. J'y achetai rapidement deux chevaux, l'un à Arthur Marx, et l'autre à Ernest Raphaël qui me dit en me voyant : « J'ai chez moi Pay Master. C'est le vieux steeple-chaser qui me vient du comte de Clermont-Tonnerre. Essayez-le. Il a le feu partout. Vous le trouverez un peu chaud, mais il est excellent. » Je me mis dessus pendant cinq minutes. « Combien ? dis-je en descendant. — Ce que vous voudrez. — Vingt-cinq louis ? — Entendu... » Et voilà comment je fis l'acquisition de ce brave animal, qui était tout simplement parfait.

Le 21 au soir, après m'être équipé des pieds à la tête, je m'embarquai pour Reims avec mes deux nouveaux chevaux. J'emmenai en même temps, comme deuxième ordonnance, Desmolliens, qui avait été sous-piqueur de la selle dans mon service aux écuries impériales.

IV

DUCROT

Le général Ducrot jouissait déjà dans l'armée d'une réputation méritée. Brave parmi les braves, il était l'émule de Bourbaki, de Trochu, de Fleury, de tous ceux de ses camarades qui s'étaient fait un nom en Afrique, en Orient, en Italie, et qui tous avaient pour lui une estime et une affection particulières. D'un tempérament de fer, il était d'une endurance exceptionnelle. A la guerre, deux ou trois heures de sommeil lui suffisaient. Le dernier couché de son état-major. il était le premier levé, s'inquiétant des moindres détails de l'installation, de l'alimentation de ses troupes.

Il avait étudié toutes les campagnes des grands capitaines. Il connaissait à fond l'organisation des armées européennes. L'imagination sans cesse en éveil, il s'était tenu, avec un soin scrupuleux, au courant des progrès des Allemands, s'efforçant de pénétrer leurs projets plus ou moins cachés. Ses lettres à l'Empereur dénotent une inquiétude patriotique sans cesse grandissante et une clairvoyance trop prophétique, hélas! des événements futurs.

On le voyait souvent penché sur ses cartes. Aussi étaient-elles toujours soigneusement classées dans la « gibeira » qui ne le quittait jamais. Il s'en pénétrait d'ailleurs si complètement à leur simple lecture, qu'il n'avait plus besoin de les consulter pour se rappeler ensuite les reliefs et toutes les particularités du terrain.

S'il sortait de l'infanterie, il possédait un véritable don pour l'utilisation des autres armes sur le champ de bataille. Vingt fois il m'est arrivé d'interroger à mi-voix des commandants de batterie qu'il venait de déplacer ou dont il avait désigné lui-même à l'avance la position de combat. On confie à un officier d'ordonnance ce qu'on n'ose pas dire au chef en personne. Toujours j'ai reçu la même réponse : « Votre général a raison. C'est bien ici notre meilleure place. »

Ainsi que l'a dit Napoléon, une des vertus maî-

tresses du général en chef, c'est d'avoir la faculté, en pleine action, dans la zone où pleuvent
les projectiles, de s'isoler assez du milieu am-
biant, pour pouvoir « penser », réfléchir, comme
dans un cabinet de travail, et donner ses ordres
en conséquence. Cette qualité, le général Ducrot
la possédait au suprême degré. Plus les circonstances devenaient graves, plus il montrait de
calme et plus son merveilleux « bon sens », tant
prisé par le maréchal de Belle-Isle, s'affirmait.

Le général Ducrot a été, dans sa génération, un
précurseur. Bien différent d'autres généraux ses
contemporains, qui comptaient surtout sur leur
propre vaillance et l'inspiration du moment pour
forcer la victoire à les suivre, il avait assez travaillé pour demander à son érudition les solu-
tions les plus conformes aux principes de la
grande guerre. Mais quand, après en avoir bien
pesé les conséquences, il s'arrêtait à une résolution, il en poursuivait l'accomplissement avec
une énergie indomptable.

Je tiens à donner ici ce témoignage à sa mémoire, en présence de certaines assertions, aussi injustifiées qu'inattendues, qui ont récemment attristé tous ceux qui ont eu l'honneur de servir sous ses ordres devant l'ennemi.

J'en appelle à ceux qui furent, sur les champs de bataille, ses glorieux compagnons, qu'ils aient été mes camarades ou mes chefs. J'en appelle aux généraux Warnet, Vosseur, de Galliffet, Peloux, Massing, Fayet, de Fénelon, de Sancy, de Villiers de la Nouë, au colonel Debord, enfin à tous ceux qui, l'ayant connu en campagne, ont pu apprécier cet admirable soldat qui réunissait précisément l'ensemble des qualités qu'on recherche justement aujourd'hui chez ceux qui sont appelés à être plus tard investis du commandement suprême...

*
* *

Le 22 août, de très grand matin, je débarque à Reims. Je rejoins le général à Cormentreuil, après l'avoir assez longtemps cherché en vain dans plusieurs autres villages des environs, où

4

son corps d'armée vient d'arriver. Il nous apprend que Bazaine est tranquille, qu'il donne à ses troupes deux ou trois jours de repos, et qu'il va tâcher de gagner Montmédy, qui devient également notre objectif.

Nous faisons successivement étape le 23 à Saint-Hilaire-le-Petit et le 24 à Juniville, où le général fait paraître un ordre prescrivant de punir avec la plus grande sévérité tout acte d'indiscipline. Nous couchons le 25 à Attigny où nous sommes reçus par le maire avec la plus aimable cordialité.

Le 26, nous installons, par une pluie torrentielle, nos divisions au bivouac aux environs de Semuy. Là, le général fait accepter par le maréchal un projet d'offensive qui consiste à concentrer le lendemain matin toute son armée sur de fortes positions, vers Belleville et Châtillon, et à attaquer un corps ennemi qu'on signale sur notre flanc droit.

Mais on apprend, le 27, que ce renseignement est faux. Le mouvement de concentration est donc arrêté. Nous nous installons à Voncq. Dans la journée, arrive l'ordre du maréchal de battre

en retraite sur Mézières. On fait filer les bagages
dans cette direction à partir de onze heures du
soir.

Le 28, au matin, nos divisions sont envoyées
vers Stonne sur plusieurs routes. Nous suivons
d'abord avec le général la voie romaine. L'artillerie part pour les Alleux. Mais il pleut à torrents.
Les chemins défoncés sont impraticables. Et puis
nous rencontrons des colonnes d'autres corps
d'armée, obéissant évidemment à des instructions
mal données... Il en résulte un encombrement
indescriptible. Le général nous envoie dans toutes
les directions pour remettre de l'ordre dans ce
gâchis. La nuit nous gagne. J'ai toutes les difficultés imaginables, dans une obscurité profonde,
à longer la cavalerie, les ambulances, les bagages.
Je me heurte à des timons, à des roues, à des
chevaux... Enfin je rejoins le général au Chesne.
Il nous annonce qu'une dépêche du ministre de
la guerre enjoint au maréchal de « marcher sur
Metz, coûte que coûte... » Nous apprenons,
joyeux, cette nouvelle... Enfin on sait donc, cette
fois, ce qu'on va faire !...

*
* *

Le 29, nous allons à Stonne. Le maréchal vient d'être informé que Lebrun a passé la Meuse à Mouzon avec deux de ses divisions, sans être inquiété. Nous nous dirigeons sur Raucourt, où èst déjà l'Empereur. Nous y couchons.

Le 30, de grand matin, je suis envoyé, comme d'habitude, aux divisions, pour savoir si elles ont bien eu leurs distributions. Puis nous filons sur Remilly, où nous attendons, pour franchir la Meuse, que les ponts jetés dans la nuit par le génie soient terminés. Ils ne le sont qu'assez tard dans l'après-midi. Le 1ᵉʳ corps passe sans incident, sur deux colonnes.

A Mouzon, nous apprenons qu'on s'est battu à Beaumont. Le général hâte l'arrivée de son corps d'armée à Carignan, où il l'installe, prêt à tout événement. Nous montons sur le mont Tilleul, hauteur très élevée, d'où l'on a des vues vers la Meuse. D'Hendecourt, qui arrive du lieu du combat, m'en donne de tristes nouvelles. Le 5ᵉ corps a été surpris, culbuté et presque entièrement détruit. C'est un nouveau désastre à ajouter aux autres!

Le général voit l'Empereur à Carignan et lui donne le conseil de gagner Mézières le soir même. L'Empereur lui répond que sa place est au milieu de ses soldats et qu'il tient à rester avec son armée...

Une fois les divisions installées au bivouac, et les mesures de sûreté prises, le général choisit, pour passer la nuit, une ferme isolée, au bord de la route, près de Blagny. Nous mangeons un peu de viande réchauffée et de pain et nous nous jetons sur des bottes de paille. Mais les malheureux habitants de cette ferme sont affolés à l'idée que l'ennemi s'approche et sera demain chez eux. Ils chargent à la hâte sur des charrettes tout ce qu'ils possèdent, leurs hardes, leurs paillasses, leurs draps, leurs tables, leurs chaises, leurs ustensiles de cuisine... Les femmes se lamentent. Les enfants pleurent. Tout ce monde nous maudit et nous injurie. Malgré notre fatigue, il nous est impossible de fermer l'œil, et la misère de ces pauvres gens, leurs transes, leurs cris, nous serrent le cœur... Le général, inquiet, ne s'est pas couché. Il envoie aux nouvelles, s'attendant, au petit jour, à être attaqué...

Quelle nuit! Jamais je n'oublierai ces scènes de désolation et de larmes... Et c'est cette même soirée du 30 août qu'un des journaux anglais les mieux informés d'habitude, le *Times*, a choisi pour y placer le « bal de Carignan », qu'aurait donné le « frivole » général Ducrot, avec ses officiers, aux jeunes évaporées du pays!

*
* *

Contre notre attente, la matinée du 31 s'écoule sans que nous soyons inquiétés. Notre retraite vers Illy, soigneusement réglée par le général Ducrot, s'effectue derrière le Chiers, en suivant la ligne des crêtes qui dominent la route longeant cette rivière. Je vais prescrire aux divisions Michel et Margueritte de nous éclairer sur notre gauche et nos derrières. L'ennemi canonne de loin les fractions des autres corps, qui sont sur la rive droite de la Meuse.

A Francheval, nous prenons nos positions de

combat. Quelques coups de fusil sont seulement échangés.

Après Villers-Cernay, le général donne ses ordres pour faire bivouaquer le 1er corps auprès d'Illy. Une de nos divisions est déjà rendue près de l'emplacement où elle doit camper. Les autres vont s'établir dans son voisinage. Nous n'aurons ainsi qu'un bond à faire pour occuper avec du canon, le lendemain à l'aube, les hauteurs qui dominent au nord Fleigneux et Saint-Menges, et l'écoulement de l'armée vers Mézières sera alors assuré.

Soudain arrive un officier de Mac-Mahon. Il apporte un billet autographe du maréchal au général Ducrot. C'est une injonction d'avoir à se conformer aux ordres précédents — non reçus, d'ailleurs — et de s'installer au bivouac, « non pas à Illy, mais entre Balan et Bazeilles. » Le colonel Robert obtient pourtant que nos divisions campent à cheval sur la route de Bouillon. Le général obéit la mort dans l'âme. Il voit que, par un aveuglement inexplicable, on va s'accrocher à Sedan !... Le général de Sesmaisons, alors aide de camp du général Vinoy, y était venu de Mézières par le chemin de fer, dans la matinée. Il avait été reçu par l'Empereur, vers dix heures, à la sous-préfecture, et par le maréchal, entre onze heures et midi. « A mon arrivée, écrit-il, il m'a paru décidé que l'armée battrait en retraite sur Mézières ce jour-là même... Avant mon départ, à midi à peu près, la décision contraire était adoptée. Que ne s'en est-on tenu à la première détermination ! »

Nous guidons nos divisions sur les points qui leur sont désignés. Cette opération se prolonge fort tard.

Puis nous avisons, dans un bas-fond, une ferme d'aspect misérable où nous plaçons nos chevaux et nos bagages. Nous y soupons de biscuit détrempé et d'une salade assaisonnée de lard fondu...

Le général, très préoccupé de la situation, dont il sent toute la gravité, veut être de sa personne au milieu de ses régiments, s'il y a une alerte avant le jour. Il m'emmène avec Néverlée au bivouac du 1er zouaves, où nous nous étendons tous les trois sur un peu de paille, enveloppés dans nos manteaux...

V

SEDAN

La nuit fut fraîche, presque froide. Mais nous étions fatigués, et, pour ma part, j'ai assez bien dormi.

A l'aube, je vois le général debout. Il a entendu un coup de canon. C'est un signal. « Allez prévenir les divisions, nous dit-il, de faire les sacs et d'attendre. » J'y cours. Mais il y a du brouillard. Je me perds. Je reviens à la ferme où sont nos bagages et nos ordonnances. On me selle Pay Master, que j'enfourche à la hâte. On entend déjà la fusillade. Je pars avec le général.

Il envoie aussitôt la division de Lartigues à Daigny que nous allons reconnaître. Elle a pour mission d'interdire l'approche de la Givonne aux colonnes allemandes, et de pousser dans ce but jusqu'à Rubécourt.

Mon cheval Pay Master avait, comme beaucoup

d'anciens chevaux anglais, le passage des sangles très marqué, très éloigné des coudes et pas de ventre du tout. Il portait, ce matin-là, une simple selle anglaise, sans poitrail ni fausse martingale, avec de petites sacoches où j'avais mis quelques menus effets de toilette, une gourde d'eau-de-vie, du biscuit et un peu de chocolat.

Le général Ducrot revint bientôt sur la rive droite de la Givonne, ruisseau très encaissé. En remontant derrière lui les pentes très raides de cette même rive, mes sangles glissent sous le ventre de Pay Master. Je saute à terre, ma selle tourne, et voilà que ce diable d'animal se met à ruer avec furie, faisant un vrai feu d'artifice avec mes brosses à dents, mon peigne, ma gourde, mon éponge, mon chocolat, etc. Ce qui contribuait encore à le mettre en gaieté, c'était la pétarade qu'il entendait et les obus qui tombaient autour de nous, en soulevant des entonnoirs de terre labourée.

Enfin, quand il n'eut plus rien à semer, Pay Master voulut bien s'arrêter. Un brave officier, M. le lieutenant Desroches, qui commandait l'escorte du général Ducrot, voyant mon embarras, m'offrit son poitrail d'ordonnance dont sa monture ventrue n'avait nul besoin. Je lui dois une reconnaissance éternelle. Sans lui, jamais je n'aurais pu faire mon devoir, dans cette journée néfaste, en portant presque continuellement des ordres à travers les ravins et les pentes abruptes de certaines parties du champ de bataille.

** **

Le général Ducrot a reçu un billet du maire de Villers-Cernay. Des troupes prussiennes, se dirigeant vers le nord, ont traversé ce village pendant la nuit. Son anxiété redouble. Il va de l'une à l'autre de ses divisions qui couronnent les hauteurs de la rive droite de la Givonne. Elles y sont en butte à un feu meurtrier. Quelques défaillances se produisent, mais elles sont sévèrement réprimées.

En longeant la ligne de nos troupes, le général, absorbé par ce qui se passe du côté de l'ennemi, ne voit pas qu'il va se jeter devant la bouche d'une de nos pièces, qui riposte tant qu'elle peut aux boulets qu'elle reçoit. Je l'interpelle vivement... Il s'arrête en riant, et nous contournons la batterie...

Le baron de Séganville, intendant militaire de notre corps d'armée, a voulu, en vrai gentilhomme, marcher avec son général : « Mais, lui a dit Ducrot, je n'ai pas besoin de vous ici, mon cher Séganville. Restez donc avec les convois. — Je tiens à honneur de vous accompagner, mon général, si vous le permettez, » a répondu M. de Séganville. Le général y consentit avec empressement, et notre intendant resta au milieu de nous.

Quelques instants plus tard, gravement atteint par un éclat d'obus, il tombait de cheval, et entrait à l'ambulance.

*
* *

A notre gauche, le général Ducrot place lui-même une batterie de mitrailleuses au-dessus du village de Givonne. On aperçoit de l'autre côté du ravin, entre les bois, de l'infanterie en marche. « Mais c'est une brigade de la division Lartigues », murmure-t-on autour de nous. — « Donnez-moi votre lorgnette, » me dit le général, qui voit mieux avec elle qu'avec la sienne. « Tirez! ordonne-t-il vivement. Ce sont des Prussiens! » Et tout aussitôt une volée de mitraille leur arrive. Ils se couchent, puis se relèvent à un commandement et gagnent en courant le bois au nord de la route de Bouillon. « Plus de doute! s'écrie le général. Ils se hâtent pour nous envelopper! »

*
* *

A ce moment précis arrive le commandant Riff, à la recherche de Ducrot depuis plus d'une heure. Ainsi que le général Faure, chef d'état-major général de l'armée, va le lui confirmer dans quelques instants, il annonce à notre général que le maréchal de Mac-Mahon, blessé grièvement dès le début de la journée, vers six heures moins le quart, lui remet le commandement... Lourde responsabilité. La situation est déjà bien compromise... Pendant que la colonne prussienne signalée à Villers-Cernay nous contourne vers le nord, des éclaireurs ennemis, venus par Donchery, ont été vus vers Saint-Menges. C'est le mouvement de capricorne qui se dessine.

Tout retard serait un crime... D'ailleurs, Vinoy est à Mézières. S'il entend notre canon, il viendra à nous...

Mais, une fois massée vers Illy et maîtresse des hauteurs qui dominent Saint-Menges et Fleigneux, si la route de Saint-Albert à Vrigne est alors balayée par les obus ennemis, l'armée pourra-t-elle passer par les bois pour se rabattre sur Mézières? — « Oui, » déclare formellement le capitaine Debord, adjudant-major au 74ᵉ de ligne, que le général a pris auprès de lui pour le renseigner et le guider. « Je suis depuis deux ans en garnison à Sedan, et, comme je suis passionné pour la chasse, je connais tous les chemins des environs. Il y en a trois, non classés, mais permanents et en bon état, qui traversent le bois de la Falizette, se dirigeant vers Mézières. Ils sont praticables aux voitures. » Et il les montre au général sur la carte. « De plus, ajoute-t-il, il y en a plusieurs autres qui servent à l'exploitation, mais dont le tracé varie suivant les besoins. On les nomme des « traits ». Ils peuvent être utilisés pour l'infanterie ou la cavalerie, mais guère pour l'artillerie. »

Le général Ducrot n'hésite plus. Il fait aussitôt commencer un grand mouvement de concentration vers Illy. Déjà j'ai été envoyé à la cavalerie pour la rassembler en arrière du plateau qui domine ce village. Mais, à défaut de commandant désigné des six divisions, il m'a fallu aller porter cet ordre à chacune d'elles. Cette absence de chef, provisoire ou permanent, de l'ensemble des grosses unités de cette arme, devait se faire sentir un peu plus tard d'une façon bien autrement fâcheuse.

* *
* *

Le général va trouver le général Lebrun, qui est à pied et vient de recevoir un léger éclat d'obus. « Mais j'ai plutôt ici l'avantage, dit-il à Ducrot. Essayons au moins une fois dans la campagne d'avoir un succès! » A ce moment, nous pensons tous que Lebrun a raison… « Mon cher ami, répond notre général, pendant que l'ennemi vous immobilise, il manœuvre pour nous envelopper. J'en ai des preuves trop certaines, hélas! Hâtons-nous. Repliez-vous vers Illy, d'où nous essaierons de nous échapper vers le nord. » Et il développe les raisons qui dictent sa détermination. Lebrun s'incline, et nous reconnaissons tous qu'il y aurait folie à ne pas se rendre à l'évidence...

Bientôt le mouvement se dessine. L'Empereur envoie Guzman demander à Ducrot la raison de ce qu'il voit. Dès qu'il en a l'explication, il approuve ce qui se fait. Nous galopons dans toutes les directions, pour assurer l'exécution des ordres du général. Partout où nous allons, nous sommes sous une pluie d'obus qui s'enfoncent dans le sol et nous couvrent de terre en éclatant.

Je rencontre mon vieux camarade Desgrandchamps, du 6ᵉ de hussards. Nous nous serrons la main avec bonheur. « Par quel hasard êtes-vous ici? lui dis-je, fort étonné. — Je commande, me répond-il, l'escorte du général de Wimpffen, qui m'a gardé avec lui, et je vais porter, de sa part, au général Lebrun, un ordre qu'il m'a remis par écrit. »

*

*   *

Tout à coup, on apprend que le général de Wimpffen, arrivé d'Afrique l'avant-veille, a en poche une lettre de service du ministre de la guerre, en vertu de laquelle il revendique le commandement... En soldat discipliné, le général Ducrot s'empresse d'aller le trouver. Il lui dit qu'il s'incline devant l'ordre ministériel, mais qu'il le supplie, « au nom du salut de l'armée, » de continuer le mouvement de retraite déjà commencé vers le nord. « Ce n'est pas une retraite qu'il nous faut. C'est une victoire! » répond, sur un ton théâtral, Wimpffen, qui n'a pu étudier suffisamment ni le moral des troupes, ni le terrain, et semble ignorer la marche enveloppante de l'armée allemande... Une longue discussion s'engage entre les deux généraux. Voyant que son insistance est inutile, Ducrot s'éloigne tristement et rejoint son corps d'armée...

Il va bientôt reconnaître une position culminante en arrière de sa gauche, où il veut installer de l'artillerie. Pour le rejoindre, je traverse un terrain profondément raviné, où je vois des caissons vides et des pièces qui ne tirent plus, faute de munitions. Je me croise avec ce pauvre Lambrigaud, blessé à la tête.

Des artilleurs montent la côte à quelques pas de moi. Un obus éclate au milieu d'eux. Arrivé sur le mamelon où je sais que se trouve le général, je l'aperçois et me dirige vers lui au pas...

Je suppose que les Allemands nous avaient pris pour cible, car, dans cette journée du 1ᵉʳ septembre, où, partout, nous étions inondés de projectiles venant des quatre coins de l'horizon, je n'en ai vu tomber nulle part autant que sur cette hauteur.

Le général, se trouvant bien pour observer avec sa lorgnette ce qui se passe dans les diverses directions, met pied à terre. Nous faisons de même, et, comme nous avons faim, nous profitons de ce temps d'arrêt pour déjeuner. D'Auppias me donne une ou deux tranches d'excellent saucisson que je mange avec du biscuit. Nous nous asseyons sur l'herbe, la bride au bras. Mais ces diables d'obus saupoudrent de terre les morceaux que nous avalons. Aussi changeons-nous deux ou trois fois de place pendant notre festin. C'est d'ailleurs peine perdue. Comme on nous voit de loin, ces bons Allemands rectifient leur direction, dès que nous nous déplaçons, et nous suivent à la piste... Aucun de nous n'est cependant touché, parce que leurs projectiles s'enfoncent dans les champs labourés où nous sommes, et ne font, en éclatant, qu'une maigre fougasse, dangereuse seulement dans un rayon d'un ou deux mètres autour du point de chute.

*
* *

Au bout d'une heure environ, notre général, de plus en plus préoccupé, remonte à cheval et revient conjurer de nouveau le général de Wimpffen de ne pas se laisser plus longtemps abuser. Les troupes, qu'on avait reportées vers le nord et auxquelles on fait maintenant rebrousser chemin sous les obus, s'énervent de plus en plus... On vient de dégarnir d'une brigade le plateau d'Illy ! « Notre gauche, nos derrières sont menacés, s'écrie Ducrot... On nous canonne déjà de Saint-Menges. — Ce n'est rien, réplique Wimpffen. Il

n'y a là que de la cavalerie et un peu d'artillerie.
— Ce sont, en effet, des avant-gardes, répond
Ducrot, mais les corps qui les suivent avancent
de minute en minute... » Rien n'y fait. Wimpffen
s'obstine dans son aveuglement. Nous nous reti-
rons navrés.

Bientôt un effroyable et interminable grondement de tonnerre ébranle le ciel... Nous nous
regardons, muets... Vingt, trente, cent éclairs
s'aperçoivent dans la fumée... C'est la Hattoye.
C'est toute la ligne des crêtes qui dominent Saint-
Menges et Fleigneux, que couronnent de nouvelles batteries qui tonnent sans relâche. Nous
courons encore vers Wimpffen. « Eh bien! finit-
il par dire à Ducrot, réunissez tout ce que vous
pourrez à Illy... Je vous donne carte blanche à la
gauche...» Il est bien temps!

*
* *

A ce moment, en effet, tout était déjà perdu.
La retraite par le nord nous était coupée. Le
général Ducrot ne le savait que trop! .. Mais il
n'est pas homme à le laisser paraître. Tant qu'il

restera une lueur de fol espoir, il luttera. Il tentera l'impossible. « Messieurs, s'écrie-t-il en se tournant vers nous, pénétrez-vous bien de ce que je veux faire : il s'agit d'amener à notre gauche toute la cavalerie, toute l'artillerie disponible et tout ce qu'on pourra trouver d'infanterie, sans compromettre le centre et la droite... Dès que l'artillerie sera en position, elle concentrera son feu sur l'infanterie allemande qui menace de nous tourner. Puis, les divisions de cavalerie, lancées les unes derrière les autres, essaieront, par des charges successives et répétées, d'y faire brèche... Dans cette trouée se précipitera alors notre infanterie, à la baïonnette... »

Nous partons au plus vite dans toutes les directions, pour assurer l'exécution de cet ordre...

*
* *

Je suis envoyé d'abord à la cavalerie.

Déjà, le matin, apercevant devant lui quelques compagnies allemandes qui avaient franchi la Givonne et cherchaient à donner la main aux soutiens des batteries prussiennes, alors encore en l'air vers Fleigneux, le vaillant général Margueritte a lancé sur elles la brigade Galliffet. Pendant que le 1ᵉʳ chasseurs d'Afrique débouche sur sa droite, et que le 4ᵉ se déploie et l'appuie à sa gauche, le 3ᵉ s'est ébranlé au galop de charge, droit devant lui, mais son élan a été paralysé par le chemin creux et le ruisseau de Floing. Néanmoins le capitaine Rapp, qui s'est déjà illustré au Mexique, s'est avancé jusqu'à la gueule des canons ennemis et a failli les enlever... Bientôt la brigade, criblée de balles et d'obus, a dû se reformer derrière Illy, près des régiments du brave général Tillard, tué raide peu d'instants après. Le jeune et intrépide lieutenant de Montfort est resté sur le terrain de la charge, la jambe broyée... Son camarade Jacques de Ganay, quoique blessé lui-même au bras, devait plus tard le prendre sur ses épaules et le porter seul à l'ambulance.

*
* *

J'explique en peu de mots au général Margueritte qu'il doit d'abord se porter, avec sa divi-

sion, dans le ravin qui précède le plateau de
Floing, et comment se fera l'effort suprême qu'il
s'agit de produire. « De qui vient l'ordre? me
répond-il. Savez-vous que c'est grave, ce qu'on
me demande?... Répétez-moi encore une fois ce
qu'on attend de nous, pour que je m'en pénètre
bien. » Je m'efforce d'être aussi clair que possible. Il s'agissait, en résumé, d'attendre que
toute l'artillerie disponible eût concentré son feu
sur l'infanterie allemande, qui, pareille à une
marée montante, avançait toujours grossissante,
menaçant de tourner notre gauche et nos derrières... et de jeter, l'une après l'autre, sur cette
infanterie enivrée par la victoire, la valeureuse
division Margueritte d'abord, puis toutes nos
autres masses de cavalerie. Il s'agissait, en un
mot, par des efforts successifs et sans cesse renou-
velés, de creuser le sillon dans lequel pourrait, à
son tour, s'engager notre vaillante infanterie...

« C'est bien. J'ai compris », me dit le glorieux
général. Et il arrête sa division encore masquée
par la crête du plateau. Le 1ᵉʳ et le 3ᵉ régiment
de chasseurs d'Afrique sont à droite. En passant, je serre la main au colonel de Bauffremont,

qui a été mon chef d'escadrons au 6e de hussards. Sa brigade est plus à gauche, le 1er hussards en tête, le 6e chasseurs en arrière.

*
* *

Les divisions de cavalerie n'ayant pas été placées sous un commandement unique, il m'est très difficile de les découvrir. Je galope dans tous les sens, ne sachant qui m'indiquera leur emplacement. Chacune s'est défilée de son mieux en attendant le moment d'agir. Je trouve cependant les généraux de Fénelon et Ameil. Mais je ne parviens pas à savoir où s'est abritée la division Bonnemains, qui est cependant sur le champ de bataille... Quant aux autres, elles se sont jetées en Belgique, ce qui explique mon impuissance à les joindre.

Si toute cette belle et superbe cavalerie avait été mise, au moins temporairement, sous les ordres de l'un de ses généraux, les six divisions dont elle se composait seraient restées sur le terrain jusqu'à la fin de la journée. Elles auraient été rassemblées en quelques minutes, quand on

a eu besoin d'elles, ce qui aurait permis de mettre
réellement à exécution la suprême tentative du
général Ducrot, au lieu que, seule, en défini-
tive, l'immortelle division Margueritte a accompli
cet écrasant effort, transformé ainsi en sublime
folie...

* * *

Je suis envoyé à l'artillerie, qui accourt aussi
vite qu'elle le peut dans ces lourdes terres labou-
rées.

Puis le général Ducrot va guider lui-même,
pour les reporter vers leur gauche, dans le ravin,
les têtes de colonne de la division Margueritte.
Il les y arrête, en attendant le moment de les
engager.

Il retourne ensuite vers la droite. Nous passons
derrière un petit bois percé, comme une écu-
moire, par les obus. Nous avions des batteries
établies à la gauche de ce bois. Elles semblent
maintenant désertes... « Voyez, nous dit le général, les artilleurs abandonnent leurs pièces !... »
Et il va trouver le général Forgeot pour le lui

signaler. Le général Forgeot répond assez verte-
ment que l'artillerie est irréprochable, qu'elle fait
partout son devoir... Il disait vrai.

En effet, quelque temps plus tard, nous sommes
amenés à longer cette fois le même petit bois, et
nous constatons que tous les servants et les attelages de ces pièces ont été tués!... Seul de sa
batterie, un jeune lieutenant restait là, debout,
appuyé sur la pointe de son sabre, au milieu de
ses canons muets : « Ah! messieurs, s'écrie notre
général, je m'étais trop pressé de mal juger ces
braves gens!... » Et il fait aussitôt avancer
d'autres batteries à cette même place...

*
* *

Puis le général m'envoie dire à la cavalerie de
charger sans attendre davantage.

L'intrépide général Margueritte s'est porté,
de sa personne, sur le plateau pour reconnaître
ce qu'il a devant lui. Une balle l'a mis hors de
combat... Au bout de quelques minutes, son aide
de camp Henderson l'emmène en le soutenant
avec peine. Margueritte étend un bras défaillant

dans la direction de l'ennemi... Le 1ᵉʳ chasseurs d'Afrique, qui est encore « en colonne avec distance », l'acclame fiévreusement : « En avant! En avant! » crient les hommes... et, malgré leurs officiers qui s'efforcent de les contenir, ils partent au galop. Un déluge de balles arrête les premiers pelotons, tandis que les autres s'exaltent de plus en plus et veulent marcher quand même... Mais le colonel Clicquot impose le calme... On attend.

On voit arriver successivement Révérony et de Pierres. Ils viennent dire au général de Galliffet que le général Margueritte lui remet le commandement de la division.

Au moment où je vais lui transmettre l'ordre dont je suis porteur, je m'aperçois que le général Ducrot m'a suivi : « La situation s'aggrave de plus en plus, dit-il au général de Galliffet. Partez le plus tôt possible. — Je n'ai personne, fait remarquer ce dernier, à envoyer à l'autre brigade. Voudriez-vous, mon général, faire porter votre ordre par un de vos officiers au colonel de Bauffremont? » Le général Ducrot déféra aussitôt à ce désir, et le prince reçut ainsi, « de la part du général Ducrot, » l'ordre de charger immédiatement... Bauffremont, impatient de s'engager à fond, fit, sans perdre un instant, sonner la charge, et le 1er hussards, qui était là en première ligne, se précipita tête baissée sur l'infanterie prussienne, jonchant le terrain de ses morts. Beaucoup de ces vaillants sabreurs, emportés par leur fougue, vinrent s'abîmer dans des carrières... Le prince eut deux chevaux tués sous lui. Un escadron du 6e chasseurs chargea également avec la plus grande impétuosité, et son capitaine commandant, mon camarade d'enfance, l'intrépide et charmant marquis de Querhoënt, fut tué. Les débris de cette héroïque brigade furent recueillis par la division Fénelon.

*
* *

A la droite, entraînés par leur jeune et brillant général, les 1er et 3e chasseurs d'Afrique et, plus en arrière, les escadrons du 4e, rivalisent de bravoure avec leurs camarades de la brigade Bauffremont. Lancés successivement sur l'ennemi, ces intrépides cavaliers traversent les premières lignes, passent entre les carrés, et viennent, épuisés, se rallier, ainsi qu'une partie du 6ᵉ chasseurs, dans le ravin de Floing, sur le général Ducrot, qui y attend le résultat de la charge. Il laisse le général de Galliffet reconstituer ses escadrons décimés et se porte de nouveau vers notre droite, où l'infanterie appelée à nous apparaissait seulement. Je m'élance vers une division dont les deux têtes de colonne se trompent de direction... Malgré toutes mes explications et mes pressantes exhortations, je ne parviens pas à convaincre le général Pellé de son erreur. Il faut l'intervention personnelle du général Ducrot pour qu'il fasse rebrousser chemin à ses brigades et les dirige enfin vers notre gauche, où le péril grandit sans cesse.

Nous y accourons au galop. Mais beaucoup de temps a été perdu. C'est à peine si quelques fractions des renforts qu'on attend anxieusement sont en ligne. L'artillerie, écrasée par les batteries allemandes, y est impuissante...

Le général fait lever l'infanterie qui se tient couchée derrière la crête : « A la baïonnette ! à la baïonnette ! » crie-t-il avec nous, et il essaie de l'entraîner à sa suite, comme il l'a déjà fait, en se plaçant devant elle... Mais c'est en vain

*
* *

Rien n'a pu, jusqu'ici, ralentir la marche enveloppante des têtes de colonnes allemandes. Le cercle se resserre... « Allez dire, m'ordonne le général Ducrot, aux chasseurs d'Afrique de charger encore une fois... » J'accours au plus vite vers le général de Galliffet. « Venez avec moi, me répond-il. Vous allez voir que je ne peux pas charger ici... » Et nous allons tous deux, sur le plateau, à quelques centaines de mètres en avant, reconnaître au galop un obstacle à pic impossible à franchir... Je vais rendre compte à mon général. « Dites-lui qu'à 1,800 mètres sur sa droite, il trouvera un bon terrain de charge... » Je repars. Le général de Galliffet commande : « Pelotons à droite au galop... » Le mouvement s'exécute comme à la manœuvre. Le général Ducrot accourt de son côté. Il fait signe d'arrêter : « Allons, mon petit Galliffet, s'écrie-t-il, encore un effort... pour l'honneur des armes ! » Le général de Galliffet, se faisant l'interprète de tous ces braves

qui vont courir gaiement à la mort, répond simplement, en soulevant son képi étoilé : « Tant que
vous voudrez, mon général, tant qu'il en restera
un ! » Et il achève son mouvement...

Le général Ducrot, mettant alors l'épée à la
main, se place avec nous devant les escadrons de
droite qui entament la charge. Mais en voyant
passer cette cavalerie si près d'elle et oblique-
ment à son front, l'infanterie du 7ᵉ corps prend
nos chasseurs pour une troupe ennemie et fait
feu sur eux... Le général Ducrot, s'en apercevant,
se jette devant elle pour l'empêcher de tirer. Et ces
escadrons de héros chargèrent encore une fois à
fond, s'égrenant petit à petit, pour finir en fusée ..

Le général de Galliffet et quelques rares officiers ou simples chasseurs arrivèrent seuls jusqu'aux réserves prussiennes. Ils passèrent, au
retour, à très petite portée d'un bataillon du 81ᵉ
(Nassau) dont le commandant, saisi d'admiration
pour cette poignée de braves, fit arrêter le feu...
A cette vue, quelques-uns de ces cavaliers légen-
daires saluèrent du sabre en criant : « Vive l'Empereur ! » .. Les officiers allemands rendirent le
salut...

Ainsi finit, dans une auréole de gloire, l'épopée de la division Margueritte à Sedan. Elle avait perdu deux de ses trois généraux, un colonel, trois lieutenants-colonels, 81 autres officiers et 840 hommes de troupe tués ou blessés grièvement, c'est-à-dire à peu près la moitié de son effectif!

*
* *

Le général Ducrot avait fait l'impossible pour électriser l'infanterie devant laquelle il s'était jeté... Pour la troisième fois, s'écriant : « En avant! en avant, mes enfants, à la baïonnette! » il avait cherché, l'épée haute, à la lancer sur l'ennemi... Mais l'élan était brisé. Les officiers seuls tentèrent de nous suivre...

Et puis, ce qui restait des vaillants escadrons engagés revenait, en hardes, de la charge et traversait les lignes. De nombreux chevaux sans cavaliers y portaient le désordre. Des hommes blessés, se tenant à peine en selle, incapables de diriger leurs montures affolées, augmentaient la confusion.

Pendant quelques instants, nous ne pûmes que nous placer au milieu de ce flot pour ne pas être culbutés...

Quand la bourrasque fut passée, tout était fini. Tout avait fondu autour de nous... Et nous nous trouvâmes bientôt seuls avec le général de Galliffet, auprès de notre général, qui prit au pas le chemin de la citadelle...

*
* *

Nous vîmes tout à coup d'Arthel partir au galop droit devant nous, soutenu par Luya, le porte-fanion du général, puis tomber à terre... Il venait de recevoir une balle.

Quelques instants auparavant, j'avais rencontré à pied, marchant avec peine, mon neveu de la Hubaudière, maréchal des logis au 3ᵉ chasseurs d'Afrique. Il m'avait dit, après la première charge de l'après-midi, que son cheval avait eu une jambe traversée par un projectile. Cette fois-ci, en chargeant de nouveau, il avait reçu une balle dans une cuisse. Je lui dis : « Va te faire soigner à l'ambulance. Il y en a une près d'ici.

Tu t'en tires à bon compte. Quant à moi, je n'ai encore rien de sérieux. Mais... tout à l'heure... qui sait? »

Je venais de recevoir une contusion au tibia gauche. Je l'attribuai à un léger éclat d'obus qui me coupa en même temps la petite bélière de mon sabre. Quand je m'en aperçus, la lame en était sortie et tombée à terre, sans que j'aie pu la retrouver.

*
* *

« Galliffet, dit tout à coup Ducrot, faut-il nous faire tuer? — Pourquoi? répondit vivement le jeune et brillant général. Vous avez fait ce que vous deviez. Moi aussi. Nous n'avons plus qu'à subir notre sort. — Nous pourrions essayer de passer en Belgique, dit l'un de nous — Il vaut mieux rester avec nos malheureuses troupes, » décida notre général.

Nous ne voyions pas la citadelle de Sedan, qui nous était masquée par un mouvement de terrain. Avec mon vieux Pay Master, qui se souve-

nait de son ancien métier, je franchis, malgré sa
grande fatigue, deux ou trois hauts murs en
pierres, pour aller à la découverte : « Elle est
tout près de nous », m'écriai-je; et nous descen-
dîmes dans un des fossés où des hommes de tous
les corps et de toutes les armes étaient entassés.
Des obus venaient de temps à autre frapper la
maçonnerie au-dessus de nos têtes et nous cou-
vraient de leurs éclats.

Le général Ducrot voulait aller retrouver l'Empereur. Il parlementa avec le commandant de
la citadelle, qui nous permit d'y entrer. Nous
passâmes un à un par une poterne, laissant en
liberté dans les fossés nos pauvres chevaux dont
nous enlevâmes les selles pour les emporter avec
nous.

Je cherchai, de mon côté, à gagner la sous-
préfecture, où se tenait en effet l'Empereur. Mais
l'encombrement était tel en ville que je ne pouvais avancer qu'avec une lenteur extrême. Tout
à coup, une rumeur s'élève, confuse d'abord...
J'écoute... Non, c'est impossible. Je suis le jouet
d'un rêve : « Bazaine arrive ! crie-t-on, Bazaine
arrive !... » Il faut avoir vécu ces heures de mal-

heur et de deuil pour comprendre la sensation de joie délirante et irréfléchie que j'éprouvai follement, hélas! pendant un centième de seconde, avant que la froide raison m'eût rappelé à la lugubre réalité...

VI

LE « CAMP DE LA MISÈRE »

J'ai su depuis que ces cris : « Bazaine arrive !
aux remparts ! » avaient été poussés dans les
rues de Sedan, à l'instigation du général de
Wimpffen, par des officiers attachés à sa personne, au moment où lui-même essayait, par
une héroïque folie, de passer comme un boulet
au travers des Bavarois déjà maîtres de Balan. Il
espérait galvaniser ainsi quelques braves préfé-
rant la mort à la honte d'une reddition à merci.
Malheureusement, à l'heure où se fit cet appel
suprême, toutes les rues, toutes les voies étaient
obstruées par un amoncellement inouï de voitures, de chariots, de canons, de caissons, d'impedimenta de toute nature… Il était impossible de
gagner rapidement un poste de combat. Et c'est
à peine si quelques-uns purent atteindre, après
de longs arrêts, les fortifications de l'enceinte.

*
* *

Quand la vue du drapeau blanc, définitivement hissé sur la citadelle, eut fait entièrement cesser le feu, j'entrai dans la maison de M. Charles Hecht, qui voulut bien me donner l'hospitalité. Il y avait chez lui plusieurs officiers français déjà installés. Il me fit dresser une couchette dans une mansarde et me donna un vieux manteau pour remplacer le mien, resté, avec mon caoutchouc, sur mon second cheval.

Le soir, nous allâmes, Néverlée et moi, manger un maigre repas dans un petit restaurant. Nous nous demandions ce qui allait résulter de l'entrevue du général de Wimpffen avec le comte de Moltke... On fut bientôt fixé sur ce point douloureux. C'était, en résumé, une capitulation brutale, dont certaines clauses mal définies ont permis des vexations et provoqué des défaillances qu'une rédaction plus claire eût évitées.

*
* *

Le 3, je finis par découvrir Albert de la Hubaudière. Sa blessure était légère, mais il toussait beaucoup. Il était misérablement installé dans une ambulance mal tenue et mal abritée, où il avait pris un refroidissement, qui allait devenir une forte pneumonie.

Le 4, nous apprenons de bonne heure que toute l'armée va être parquée dans la presqu'île de Glaire, formée par la boucle de la Meuse et fermée par un canal qui la transforme en véritable île.

Nous envoyons nos ordonnances chercher nos malheureux chevaux dans les fossés où nous avons dû les abandonner pour entrer dans la citadelle après la bataille et où ils n'ont eu à manger que de l'herbe.... Dans l'après-midi nous nous mettons en selle et prenons le chemin de la fameuse presqu'île. Mais aussitôt éclate sur nos têtes un orage épouvantable bientôt suivi d'une pluie diluvienne.... Nous marchons au pas sur un vrai lit de sabres et de baïonnettes dont le sol est jonché. Nous avançons très lentement.

En sortant du faubourg de Torcy, on nous arrête. Devant nous passent les chasseurs d'Afrique sur leurs petits barbes encore fringants quoique affamés....

Tout à coup, de stridentes sonneries retentis-
sent de tous côtés…. Les fanfares, les musiques
jouent. « Le Roi! Le Roi! » s'écrient les officiers
allemands qui assistent à notre triste défilé,… et
ils piquent des deux. Ce sont alors des cris de
joie, des hurrahs frénétiques, des acclamations
sans fin…. Quelle scène! quel spectacle pour
nous que la rage étreint à la gorge!… Quel
navrant contraste!

*
* *

Vers le soir, le général s'installe avec nous au
premier étage de la maison la plus voisine du
pont qui donne accès dans Glaire…. Il prend
pour lui une des chambres et nous abandonne
les deux autres, où nous plaçons à terre de la
paille ou des matelas pour y dormir.

Au rez-de-chaussée, les Allemands ont un bureau où l'on vient signer le « revers ». On appelle
ainsi l'engagement grâce auquel, en vertu de
l'un des articles perfides de la capitulation, un
officier peut recouvrer sa liberté et emmener
avec lui ses chevaux et ses bagages, en promet

tant sur l'honneur de ne pas servir et de ne pas nuire aux intérêts de l'Allemagne pendant la durée de la guerre!!...

Nous regardons avec douleur quelques infortunés mal édifiés qui se croient autorisés à profiter de cette clause, puisque le général en chef l'a laissée subsister dans la convention signée par lui, et qu'il n'a pas saisi non plus la grave atteinte qu'elle porterait à l'honneur militaire de ceux qui y souscriraient.

Tout à coup arrive un colonel de cuirassiers avec tout son corps d'officiers.... Le général Ducrot, en l'apercevant, l'apostrophe avec indignation.... « Vous vous trompez, mon général, s'écrie vivement le colonel : nous venons au contraire, tous ensemble, protester contre cette clause abominable qui pourrait tenter quelques camarades moins chatouilleux que nous sur le point d'honneur! »

*
* *

Le 5 et le 6, le général Ducrot multiplie ses efforts auprès des autorités prussiennes pour obtenir quelques adoucissements au sort de nos hommes. Il écrit au gouverneur de Sedan que nos malheureuses troupes manquent de pain et de vivres. On ne lui répond pas.

Nous voyons à chaque instant des hordes de chevaux émaciés, faméliques, galopant furieusement, dans un état d'éréthisme effrayant.... On se gare sur leur passage, car aiguillonnés par la faim et la soif, ils culbutent tout ce qu'ils rencontrent....

Devant notre maison, des officiers bavarois cherchent à lier conversation avec nous. Quelques-uns se laissent aller à nous dire qu'ils détestent les Prussiens et que si nous étions venus chez eux au début de la guerre, ils auraient marché de grand cœur avec nous.

Le colonel de Bauffremont me raconte les prouesses de son régiment le 1er septembre. « C'est le 1er hussards, me dit-il, qui, de toute la division, a eu le plus d'officiers tués ou blessés... » Je n'ai pas eu l'occasion de vérifier cette assertion. « Figurez-vous, me raconte-t-il, qu'il m'en est arrivé une bien bonne ce jour-là. Mon cheval venait d'être tué dans la charge, et je rega-

gnais nos lignes à pied, quand la réflexion me
vint que j'avais dans mes fontes 4,000 francs en
or... Retourner sur mes pas pour les y prendre,
c'était risquer, encore plus sûrement, pour un
motif peu noble, de me faire casser la tête... Ma
foi, tant pis, pensai-je, et j'abandonnai ce petit
trésor... »

*
* *

Les Allemands laissaient pénétrer dans la
presqu'île des colporteurs qui venaient nous y
vendre du papier, des plumes, de l'encre, du
tabac, des cigarettes, etc.

L'un d'eux s'approcha tout à coup de nous et
nous regarda fixement en passant assez près
pour nous toucher du coude... Nous reconnûmes
le général de Bellemare, qui avait acheté la boîte,
les marchandises et les vêtements d'un camelot
et put ainsi franchir le pont sans éveiller l'attention des factionnaires qui le gardaient. Mais plusieurs prisonniers qui essayèrent de sortir de la
presqu'île en traversant à la nage le canal ou la
Meuse payèrent de leur vie ces vaines tentatives.

Ils furent atteints par les balles de nos gardiens et tous se noyèrent.

Un capitaine bavarois vint un matin nous montrer une bague chevalière en or qui avait été trouvée au doigt d'un officier français tué. Il nous demanda si l'un de nous savait à qui elle appartenait et reconnaissait les armes qui y étaient gravées. « Je ne connais pas l'uniforme de celui qui la portait, nous dit-il : tunique gros bleu à broderies d'argent, épaulettes de capitaine et aiguillettes. » Nous comprîmes qu'il s'agissait d'un officier d'ordonnance de l'Empereur. Comme ce pauvre d'Hendecourt avait en effet « disparu » et que cette bague ressemblait beaucoup à celle que je lui avais plusieurs fois vue quand, par hasard, nous déjeunions ensemble au café d'Orsay, je pensai que c'était bien, hélas! une relique de lui qui serait précieuse à sa famille. Bossan se chargea de la lui faire parvenir... Quand il eut gagné Paris après notre évasion, il la remit au frère de d'Hendecourt, qui parut fort étonné de recevoir ainsi cette chevalière. Il la reconnut, mais il ne se montra nullement inquiet sur le sort de l'absent, dont je ne sais quelle personne lui avait donné des nouvelles, assurant qu'elle venait de le rencontrer en Belgique très bien portant... L'avenir devait se charger de dissiper douloureusement ses illusions...

*
* *

Après de nombreuses tergiversations de l'état-major prussien, nous sommes autorisés à nous mettre en route le 7, avec nos bagages, pour Pont-à-Mousson, munis d'un laissez-passer collectif délivré au général Ducrot, qui a promis sur l'honneur que nous y serions tous rendus le 11, pour nous reconstituer prisonniers. Nous demandons à signer également cet engagement. L'officier allemand répond que notre parole suffit. Aussi faisons-nous, les uns après les autres, un signe de tête affirmatif, indiquant que nous nous considérons comme liés par la promesse de notre général.

Nous partons à cheval, après déjeuner, pour Margut.

Nous traversons Sedan, Balan qui porte les traces d'un combat terrible, et Bazeilles entièrement brûlé. C'est un spectacle désolant. Pas une maison n'a été épargnée.

Le 8, le 9 et le 10, nous couchons dans de petits villages, évitant les villes, les localités importantes, et les chemins par lesquels passent nos malheureux soldats prisonniers.

A Margut, l'un de nous propose d'aller chercher des journaux en Belgique. On est à deux pas de la frontière. Le général s'y oppose formellement, afin de ne pas laisser supposer à un malveillant que nous puissions avoir l'idée de passer à l'étranger au lieu de nous diriger sur Pont-à-Mousson, comme nous nous y sommes engagés.

VII

MON ÉVASION

Mon bien sympathique et très savant ami, le docteur Charles Sarazin, qui a été, pendant toute la guerre franco-allemande, attaché à l'état-major du général Ducrot, m'avait entendu raconter alors certains épisodes de mon évasion. Malheureusement, quand il a écrit son livre si intéressant sur cette fatale guerre, il a négligé de me montrer l'alinéa qu'il m'y a consacré, avant de le faire imprimer, de façon que son récit, très bienveillant pour moi d'ailleurs, est inexact en plusieurs points.

Un journal l'a trouvé amusant et l'a servi à ses lecteurs; un deuxième a fait de même; puis un troisième, un quatrième, etc., si bien que j'ai reçu par le *Courrier de la Presse* plus d'une centaine de coupures extraites de publications provinciales ou parisiennes, qui ont ainsi vulgarisé à mon sujet une sorte de légende.

Voici, en réalité, ce qui s'est passé.

Le général Ducrot avait pris, comme je l'ai dit, vis-à-vis des autorités prussiennes, en notre nom collectif, l'engagement d'honneur de se rendre, avec tout son état-major, de Sedan à Pont-à-Mousson, où nous devions être arrivés le 11 septembre avant midi, pour nous y reconstituer prisonniers.

Pendant la route, le général Ducrot, Néverlée et deux ou trois autres d'entre nous se procurèrent, à tout hasard, des blouses et des casquettes pour pouvoir profiter d'une occasion ou d'une circonstance heureuse. Moi, je n'avais rien acheté de semblable, croyant tous ces projets absolument chimériques.

Le 11, à dix heures du matin, nous étions rendus à l'entrée de Pont-à-Mousson. C'était un dimanche. Nous avions, avant de partir, entendu la messe dans le village où nous avions couché.

Le général nous arrêta sur la route et envoya le capitaine de Gaston, officier de mobiles, qui était Alsacien et parlait l'allemand comme le français, trouver le général prussien qui commandait la place, pour lui annoncer notre arrivée et lui demander ses instructions. Gaston revint bientôt. Il rapportait la réponse du général allemand : Nous devions être rendus à la gare à une heure et demie pour nous y reconstituer prisonniers entre les mains de l'officier chargé des embarquements, et y prendre place dans un wagon qu'on nous réservait.

C'était clair et formel. Nous entrâmes dans Pont-à-Mousson.

On nous prévint que nous devions nous défaire de nos chevaux, ne pouvant les emmener en Allemagne.

Un marchand se précipita vers moi : « Mon capitaine, voulez-vous un bon prix de votre cheval? — Combien? — Vingt francs!... » La colère me monta à la gorge : « Tenez, m'écriai-je, j'aime mieux le donner pour rien à un de mes ennemis, que de vous le vendre, à vous Français, qui le revendriez d'ailleurs aussitôt après à quelque Prussien!... » J'aperçus un officier allemand. En peu de mots je le mis au courant de ce qu'était Pay Master et de ce qui venait de se passer : « Je

7

vous fais don de ce cheval, lui dis-je, à la seule condition que si, dans trois jours, quand vous aurez fait connaissance avec lui, il ne vous plaît pas, vous lui logerez une balle dans la tête. » Il me donna sa parole d'honneur qu'il serait fait selon mon désir et traça lui-même son nom et son adresse sur un bout de papier que j'ai conservé.

Il s'appelait le baron de Seydlitz, demeurant à Borau, Silésie; il me recommanda de lui écrire chez lui, après la fin de la guerre, pour savoir ce que serait devenu Pay Master. J'avoue que dans les mois qui ont suivi la paix de Francfort, je n'étais pas dans une disposition d'esprit me portant à rechercher une correspondance avec un officier allemand. Je n'en ai donc rien fait. Aujourd'hui que l'âge me permet de reporter plus froidement ma pensée sur un passé déjà lointain, si ces lignes tombent sous les yeux du baron de Seydlitz, je désire qu'il sache que je n'ai pas oublié l'incident fortuit qui nous a mis en rapport jadis, et que j'apprendrais avec plaisir de ses nouvelles et de celles de Pay Master.

*
**

J'allai ensuite déjeuner à l'hôtel de la Poste.

Puis je me rendis à une heure un quart à la gare avec mon ordonnance, Étienne Lévèque, qui y avait déjà porté ma cantine et mes objets de sellerie.

Il y avait dans la cour de la station un cordon de soldats prussiens, espacés les uns des autres de 50 centimètres environ, pour que les très nombreux généraux et officiers français, qui venaient se reconstituer prisonniers et s'embarquer, pussent pénétrer facilement à l'intérieur de la gare. On leur fit charger leurs armes devant nous.

Quand nous fûmes tous réunis sur un des quais de la voie, le capitaine de Gaston en avisa le général allemand qui dirigeait l'embarquement. Il nous fit placer tous sur un rang, nos ordonnances à la gauche, et, sur la prière du général Ducrot, il compta lui-même quatorze officiers, quatorze hommes de troupe Après quoi, il prit des mains de notre général le sauf-conduit en vertu duquel nous avions pu circuler librement de Sedan à Pont-à-Mousson.

Nous redevenions ainsi des « prisonniers gardés », ce que nous avions déjà été, tant que nous étions restés parqués dans la presqu'île de Glaire...

Il y avait une demi-heure environ que nous nous promenions isolément de long en large sur le quai de départ, attendant qu'on nous fît signe de nous embarquer. Déjà M. de Gaston avait fait observer au général allemand que, d'après les instructions du général commandant d'armes, le général Ducrot devait trouver à son arrivée à la gare un wagon réservé pour lui et ses officiers; qu'il était désireux de prendre place le plus tôt possible dans un train pour éviter le pénible contact de quelques soldats indisciplinés qui, en passant près de nous, tenaient des propos peu respectueux et même injurieux. On semblait affecter de ne pas s'occuper de nous. M. de Gaston renouvela sa requête. Cette insistance déplut fort au général chargé de l'embarquement : « Dites à votre chef, s'écria-t-il très haut et en mauvais français, que je ne connais pas ici de généraux;

je n'ai d'égards à avoir pour personne!... Vous partirez quand votre tour viendra. »

Le général Ducrot arpentait fiévreusement le trottoir de la voie... Tout à coup, Gaston s'approche de moi par derrière et me dit très bas dans l'oreille : « Le général sent qu'il va faire quelque éclat : sa patience est à bout. Il ne veut pas rester plus longtemps au milieu de ces gens-là. Il vous fait dire, à Bossan, à vous et à Néverlée, qu'il va chercher, par tous les moyens possibles, à s'évader, et que, si vous pouvez en faire autant, vous lui ferez plaisir. Il vous donne rendez-vous à Épinal. . » Et il s'éloigna.

Mon parti fut vite pris : profiter de la grande confusion qui régnait dans la gare pour essayer d'en sortir, et après... à la grâce de Dieu!...

J'appelai mon ordonnance : « Prenez ma cantine et venez avec moi. » Alors, suivi d'Étienne, qui maugréait de porter encore cette cantine sur son épaule, je passai dans la cour extérieure de la station, où était le cordon des sentinelles allemandes.

*
* *

Là, je m'arrêtai un moment. Je fis mine de chercher par terre un objet perdu. Je m'approchai de deux ou trois des sentinelles, les déplaçant légèrement pour regarder sous leurs pieds. Je les dépassai un peu...

Je vis que mon manège n'éveillait aucun soupçon. Je fis signe à mon ordonnance de me suivre et doublai, d'un air dégagé, le café qui faisait le coin de la cour. Je m'en allai ainsi jusqu'à l'hôtel de la Poste, où je dis à Étienne de laisser ma cantine. Puis, je retournai, les mains dans les poches, avec lui vers la gare et rentrai un moment à l'intérieur du cordon des sentinelles, pour voir si ma disparition avait causé un émoi quelconque. Tout était calme. J'ordonnai à Étienne d'aller prendre sur le quai mes objets de sellerie, ce qu'il fit avec d'autant plus de naturel qu'il ne se doutait pas de la situation dans laquelle j'allais le mettre en même temps que moi-même... Les factionnaires, qui m'avaient déjà vu sortir et revenir, ne firent aucune attention à moi, quand je les traversai de nouveau, escorté de mon ordonnance, mais, cette fois, pour ne plus « revenir »...

Il y avait bien devant l'hôtel de la Poste une cinquantaine d'officiers allemands qui buvaient des chopes, quand j'y rentrai, toujours suivi d'Étienne.

Pour comprendre ce qui a rendu possible, entre deux heures et deux heures et demie de l'après-midi, ma circulation en uniforme dans les rues de Pont-à-Mousson, avec un soldat-ordonnance en tenue, porteur de bagages, il faut se rappeler que ce jour-là, 11 septembre, je ne sais combien de généraux et d'officiers français devaient se reconstituer prisonniers dans cette ville entre les mains des Allemands, et que, pour faciliter leur embarquement, l'autorité militaire prussienne avait dû échelonner les départs, de façon que bon nombre de mes camarades ont pu circuler — étant parfaitement en règle — dans cette ville, jusqu'à l'heure où — ne paraissant pas plus qu'eux ne plus l'être — j'ai fait moi-même un dernier trajet pour me rendre à la gare et... en sortir définitivement.

Si le général qui y commandait avait exécuté l'ordre qu'il avait reçu de nous faire monter, aussitôt notre « écrou », dans un train en partance, aucun de nous n'aurait pu s'évader dans les conditions où je l'ai fait.

*
* *

Mais retournons à l'hôtel de la Poste. Je me fais conduire dans une chambre retirée donnant sur le derrière de la maison. Là, je m'enferme avec le maître de l'hôtel et je lui dis : « Je dois vous prévenir que je suis en rupture de ban. Je viens de m'évader des mains des Prussiens. Maintenant, je désire que vous m'aidiez. — Mais, monsieur, s'écria-t-il, vous n'y pensez pas ! Cette maison est pleine d'officiers allemands. Il faudrait être fou pour faire ce que vous demandez. Je le regrette, mais il ne m'est pas possible, vous m'entendez bien, de vous garder dans mon hôtel. — Bien, répliquai-je. Veuillez appeler votre femme ! — Ma femme ? Pourquoi ? — Vous le verrez bien. Priez-la de venir ici avec vous. »

Un instant après, la maîtresse d'hôtel entrait

chez moi avec son mari. « Madame lui dis-je, je
me suis évadé, il y a une demi-heure, des mains
de l'ennemi. Votre mari veut me livrer. J'ai demandé à vous voir parce que, si un homme a pu
en avoir l'idée, une femme ne le fera jamais ! »

Elle était embarrassée… Elle cherchait… Tout
à coup, elle s'écria : « Mais, au fait, il y a
M. Schwœbel, qui a dit hier à table que, si un
officier français voulait s'échapper, il lui en donne-
rait les moyens. — Envoyez le prévenir, madame, lui dis-je. Vous voyez que j'avais raison ! »

Je vis arriver quelques instants plus tard un
grand jeune homme à l'œil vif, au regard franc
et énergique, qui me confirma son désir d'aider à
l'évasion d'un officier et me dit qu'il allait voir
ses amis et aviser. Mais quand il revint, il était
fort ébranlé. On avait traité de folie sa prétention.
On lui avait prédit que sa témérité n'aboutirait
qu'à nous faire fusiller tous les deux. J'affectai
une assurance que je n'avais pas, traitant ses
craintes de chimériques, et j'ajoutai que, aidé ou
non, j'entendais bien regagner les lignes françaises… « Eh ! bien, me dit-il, tant pis ! je vous
ai déclaré tout à l'heure que je vous ferais sortir

d'ici : vous avez ma parole. Quoi qu'il advienne, je la tiendrai. » Et il l'a tenue.

En effet, M. Eugène Schwœbel alla aussitôt me chercher chez lui de vieux effets bourgeois, et j'enfermai mon uniforme dans ma cantine. On procura à mon ordonnance Étienne Lévêque une blouse, un pantalon de toile et une casquette. Je lui remis quelques pièces d'or, et, le soir même, il se mettait en route. J'ajouterai qu'il put sortir des lignes prussiennes en disant qu'il allait avec une vieille paysanne, qu'il prétendit être sa belle-sœur, à l'enterrement d'un parent dans un village voisin. Il gagna ensuite Paris sans difficulté.

Je dînai dans ma chambre, à l'hôtel de la Poste. Quand il fit nuit, M. Eugène Schwœbel vint me prendre pour m'emmener coucher chez lui. Il m'apprit qu'il s'était procuré un cabriolet pour le lendemain, et qu'il avait obtenu à la « Commandatur » un laissez-passer à son nom et à celui de M. Droulin, son chef de service, pour se rendre à Nancy.

*
* *

Il y avait, dans la maison qu'il habitait, une pièce disponible ayant un lit qu'il me donna. Il m'a avoué depuis qu'il avait été dans des transes terribles pendant toute la nuit que je passai sous son toit, parce qu'il n'avait pas pu avertir son propriétaire et qu'il avait craint à tout instant de voir arriver chez lui quelque officier allemand attardé, porteur d'un billet de logement pour la chambre où j'étais. Il n'aurait su comment expliquer ma présence et tout pouvait se gâter. Dieu merci, il n'en fut rien.

A cinq heures, le cabriolet était à notre porte. M. Droulin tint à nous accompagner. Notre laissez-passer n'étant que pour M. Schwœbel et lui, voici de quoi nous convînmes. J'étais censé être M. Schwœbel et j'avais sur moi la lettre ministérielle le nommant commis des contributions indirectes; M. Droulin conservait son identité vraie et M. Schwœbel était un cocher quelconque assis sur le tablier du cabriolet. Si l'on ne voulait laisser passer que deux d'entre nous, M. Schwœbel

restait à Pont-à-Mousson et M. Droulin conti-
nuait la route avec moi.

Il y avait un factionnaire au pont qu'il nous
fallait traverser. En nous apercevant, conforta-
blement enfoncés dans notre équipage, ce fils de
la blonde Germanie nous sourit d'un air béat et
nous fit une inclination de tête qui voulait dire :
« Passez, messieurs, je sais qui vous êtes ! » Mon
voisin me toucha du genou... Je compris que
nous venions de doubler le cap des tempêtes.

En effet, tout se passa bien jusqu'à Nancy.
Nous nous arrêtâmes dans un village occupé,
comme toute la contrée, par des détachements
ennemis, pour y faire manger notre cheval pendant que nous prenions nous-mêmes un peu de
nourriture.

En arrivant en vue de Nancy, nous rencontrâmes une connaissance de M. Schwœbel : « Est-
ce que toutes les portes sont occupées militaire-
ment ? lui demanda-t-il. — Non. Il y en a une sur
votre gauche qui ne l'était pas il y a une heure. »
Nous y courûmes. Il n'y avait encore là aucun
Allemand. Décidément, la chance nous favorisait.

*
* *

Une fois en ville, M. Schwœbel me mena chez un de ses parents, M. Gasse, avocat à la cour, qui me donna d'utiles indications. Il me parla d'une diligence qui faisait depuis deux jours le service entre Nancy et Châtel, point que les Allemands n'occupaient pas encore. J'y allai et retins ma place. Là je pris congé de MM. Schwœbel et Droulin, ces deux braves cœurs qui s'étaient compromis pour moi, inconnu de la veille. Je les remerciai avec effusion.

Qu'il me soit permis de témoigner ici en particulier toute ma reconnaissance à ce vaillant qui s'appelait Eugène Schwœbel, à l'énergie, à l'intelligence et au dévouement duquel j'ai dû de pouvoir mener à bien une évasion qui aurait sans doute abouti pour moi à une catastrophe, si je ne l'avais pas rencontré sur ma route. Au risque de se faire inquiéter par les Allemands comme mon complice, il a pieusement conservé chez lui jusqu'à la paix ma cantine bondée d'effets militaires et mes objets de sellerie ! Je me suis naturellement, depuis, intéressé à lui et aux siens, et, avec une simplicité antique, il n'a jamais cessé, jusqu'à son dernier souffle, de se dire dans ses lettres « mon obligé », à moi qui lui devais tant!

Pendant que j'attendais le départ de la diligence, j'appris qu'il y avait dans l'hôtel d'où elle partait un officier français évadé comme moi. Je montai à sa chambre. C'était le capitaine du génie Varaigne. Nous nous entendîmes pour nous aider au besoin. Je n'avais plus de papiers, ayant naturellement rendu à M. Schwœbel sa commission. Mais j'avais sur moi un ancien laissez-passer portant simplement : « Maison de l'Empereur, service du Grand-Ecuyer, » et signé du préfet de police. Nous convînmes avec M. Gasse et le capitaine Varaigne que, si j'étais arrêté par les Allemands, ils certifieraient que j'étais un courtier en chevaux voulant regagner Paris pour se faire payer des sommes dues par les écuries impériales.

Il y avait en partance pour Châtel une diligence jaune déjà pleine de voyageurs. On y ajouta une sorte de landau fermé où le capitaine Varaigne et moi prîmes place. Il faisait un temps délicieux.

On nous laissa passer la porte de la ville sans nous inquiéter et, par un dernier hasard heureux, nous ne rencontrâmes sur la route aucune des patrouilles de uhlans qui la sillonnaient d'habitude. Au relais, je me promenai un instant à pied avec le capitaine Varaigne : « Voyez donc, lui dis-je, l'air placide et indifférent de ce bon campagnard qui a le menton appuyé sur sa canne, dans la dilligence! — C'est le commandant du génie de Foucauld, me dit-il à l'oreille. — Ah! bah! Et son voisin? — C'est le colonel d'artillerie Minot! »

* * *

Vers quatre heures, nous arrivâmes à Châtel. Nous étions sauvés!

Je m'assis sur un banc dans la cour de la station, attendant le départ du premier train pour Épinal. Je repassais dans mon esprit les péripéties que j'avais traversées depuis vingt-quatre heures, lorsque j'entendis le roulement d'une voiture. C'était un omnibus, qui s'arrêta bientôt à une certaine distance. Il en sortit trois voyageurs qui me parurent énormes sous leurs larges blouses défraîchies. Ils avaient des casquettes plates, de grosses bottes jaunes et poussiéreuses, des pantalons usés et des gourdins de marchands de bœufs. « Voilà des gaillards, pensais-je, que je n'aimerais pas à... Sapristi! » Je me redressai tout d'une pièce pour mieux voir : c'était bien mon vaillant et vénéré chef, le général Ducrot, avec Bossan, son aide de camp, et le capitaine de Gaston. Je courus me jeter dans ses bras...

Peu d'instants après, nous partions tous pour Vesoul et Gray, où nous couchâmes. Mais là les choses faillirent se gâter. Le général Ducrot y avait un parent. Il alla se faire reconnaître par lui pour que l'intendance pût donner à chacun de nous une pièce servant à prouver notre qualité d'officier.

On va voir que ce n'était pas inutile. Pendant que le général et mes deux camarades étaient allés faire cette course, je me tins dans la salle à manger de l'hôtel où nous allions dîner. J'étais seul, quand survinrent deux gendarmes. Ma mine leur inspira sur-le-champ une juste défiance : « Vous avez des papiers, sans doute? » insi-

nua le brigadier d'un air qui indiquait bien la
réponse attendue... « Non, brigadier, je n'en ai
pas, répondis-je, mais veuillez vous armer d'un
peu de patience. Votre étonnement, que je con-
çois, va prendre des proportions encore plus considérables avant qu'il soit longtemps. » En effet,
quand le général Ducrot revint avec les pièces
libératrices, revêtues du cachet devant lequel
s'inclinent tous les représentants de l'autorité, la
stupéfaction de nos deux gendarmes n'eut d'égale
que leur déception muette de ne pouvoir appré-
hender ces quatre particuliers qui « marquaient
si mal! »...

VIII

CHATILLON

Le général Ducrot se dirigea aussitôt sur Nevers où était sa famille. Bossan l'accompagnait, mais le quitta bientôt pour gagner Fontainebleau.

Quant à moi, je filai droit, avec Gaston, sur Paris où le général désirait me voir rendu le plus tôt possible.

J'arrivai à la gare de Lyon le 13 septembre par le dernier train du P.-L.-M. qui ait pénétré dans Paris en 1870. Le hasard m'avait aussi fait revenir à Metz, par Frouard et Pont-à-Mousson avec une partie des équipages de l'Empereur, un mois auparavant, jour pour jour, dans le dernier train de cette ligne avant l'investissement.

Les coureurs de l'ennemi étaient déjà signalés le long du chemin de fer et nous nous demandions si nous ne serions pas arrêtés en route. En passant à Villeneuve-Saint-Georges, on stoppa. Nous entendîmes une forte détonation. C'était le pont qu'on faisait sauter.

Aussitôt débarqué, je me fis conduire au Louvre, où le général Fleury m'avait fait aménager un petit appartement donnant sur la cour Caulaincourt (cour Lefuel aujourd'hui), pour que je fusse plus près des chevaux de selle de l'Empereur, dont j'étais spécialement chargé.

En partant pour l'armée, j'avais laissé dans cet appartement tout ce que je possédais, et je croyais bien qu'à la révolution du 4 septembre on avait dû piller cette partie du palais. Aussi m'arrêtai-je à une certaine distance pour aller aux nouvelles. Je vis le portier Millot qui se tenait sur le trottoir. J'allai droit à lui. En m'apercevant, il faillit tomber à la renverse :

« Vous, mon capitaine?

— Oui.

— Mais on vous disait mort!

— Pas encore... Et mes affaires?

— Elles sont dans votre chambre. Personne n'y est entré depuis votre départ. »

Je montai vite chez moi et, sans prendre le

temps de me changer, j'endossai une jaquette, et me rendis chez le général Trochu.

Couvert encore de la poussière du voyage, avec la chemise de nuit « de mon évasion », les très vieux effets de mon déguisement, les moustaches coupées au ras de la barbe que je laissais pousser depuis un mois, je manquais, paraît-il, de « prestige », ainsi que certain ministre... de l'Empire.

Aussi l'impression de l'huissier, superbe sous sa chaîne d'acier et son irréprochable plastron, fut-elle médiocre : « Vous demandez, monsieur? — Le général Trochu. — M. le gouverneur est à table et je ne peux pas le déranger. — Voulez-vous lui dire que c'est le capitaine Faverot qui a une communication à lui faire de la part du général Ducrot?... » L'huissier disparut derrière une porte. Presque aussitôt j'entendis une voix qui s'écriait : « Dites-lui que le capitaine Faverot a été tué à Sedan et que le général Ducrot est prisonnier... » Décidément j'étais bel et bien enterré : « Priez donc un officier du gouverneur de venir, » lui dis-je; et en effet, le prince Bibesco, chef d'escadron d'état-major, arriva bientôt.

« Vous prétendez, monsieur... — Pardon, répondis-je, le général Trochu me connaît. Veuillez me mettre en sa présence. »

Il s'inclina et j'entrai :

« Comment, mon cher enfant, s'écria le gouverneur, c'est bien vous! Et Ducrot n'est plus prisonnier?... »

* *
*

Je racontai notre captivité, notre évasion et terminai en expliquant au gouverneur que le général était allé embrasser les siens, mais qu'il se tenait aux ordres du gouvernement.

« Télégraphiez-lui qu'il vienne à Paris, toute affaire cessante, conclut le gouverneur. Il y a une position que j'allais abandonner et que lui seul pourra défendre. C'est Dieu qui nous envoie ce secours inespéré ! »

Le général Trochu voulait parler du plateau de Châtillon.

Aucun ouvrage n'était en état de défense. On travaillait partout cependant. On redoubla l'activité de ce côté.

Le général Ducrot arriva à Paris le 15, au matin. Le 16, il installait son quartier général à Châtillon.

Ayant tous laissé à Pont-à-Mousson nos effets militaires, nous nous improvisâmes des uniformes, en faisant coudre des galons sur des vêtements bourgeois, et c'est ainsi que le général Ducrot et la plupart de ses officiers sont restés accoutrés jusqu'à la fin du siège de Paris. Nous obtînmes du gouverneur l'autorisation de prendre des chevaux provenant des écuries de l'Empereur, afin de pouvoir nous monter immédiatement. Les deux miens s'appelaient Colonel et Cadio. Colonel devait recevoir une balle dans la tête sur le plateau de Villiers. Quant à Cadio, il avait été acheté au comte d'Aquila, qui l'avait payé 10,000 francs à quatre ans; c'est lui que montait Néverlée, quand il s'est fait héroïquement tuer à l'attaque de ce même plateau, et c'est également sur Cadio que le maréchal de Mac-Mahon a passé sa première revue à Longchamp, après nos désastres. Mais n'anticipons pas.

Le général Ducrot voulant voir clair autour de lui et savoir où étaient réellement les Allemands qu'on signalait un peu partout, sans les avoir vus, nous envoya, Louvencourt et moi, dès le 17, en reconnaissance. Louvencourt opéra vers Bougival et Saint-Germain et ne rencontra pas l'ennemi. Moi, je reçus l'ordre d'explorer tout le terrain entre Longjumeau et Versailles. Je partis avec deux pelotons de guides commandés par MM. Ogier d'Ivry et Schille. Je montais Cadio. A peine étais-je en route qu'un sous-officier sort du rang et me fait le salut militaire. C'était mon jeune ami Fernand Roy, déjà célèbre comme cavalier d'obstacles : « Toi ici, lui dis-je? — Mais oui, mon capitaine. Et tu verras que je suis aussi bon soldat qu'un autre. » J'aurais voulu en avoir beaucoup comme lui.

La journée se passa à battre l'estrade en tous sens dans la zone à explorer, qui resta jusqu'au soir couverte au loin par des vedettes doubles se reliant à des soutiens.

A la nuit, je ralliai tout mon monde et j'allai rapidement informer personnellement le général Ducrot que nous n'avions encore aperçu aucun ennemi.

Le général m'annonça qu'il m'enverrait le lendemain, avant le jour, deux autres pelotons. Son ordre était, comme toujours, clair et précis : « Demain, vous continuerez votre reconnaissance comme vous l'avez conduite aujourd'hui et vous irez de l'avant jusqu'à ce que vous ayez échangé des coups de feu avec l'ennemi. »

Je m'installai de ma personne au Petit-Bicêtre, ayant mes deux pelotons bien dissimulés dans des fermes voisines, et en avant d'eux, à quelques centaines de mètres, un cordon de vedettes doubles. Personne ne se déshabilla et les chevaux restèrent sellés et bridés. On devait dormir la bride au bras.

A minuit, on me réveille. Une vedette a tiré sur des cavaliers qui n'ont pas répondu à son « qui vive? » et ont disparu...

Je saute à cheval et accours avec un peloton. Nous regardons. Nous écoutons. Je fais fouiller tous les couverts... Peine perdue. Il fait un beau clair de lune. On n'aperçoit rien... Je questionne la « doublure » de la vedette qui a donné l'alarme :

« Moi, je n'ai rien vu.

— Mais où étiez-vous quand elle a tiré?

— Ici.

— Eh bien! c'est sur vous que votre camarade a fait feu! Il vous a pris pour un Prussien quand vous reveniez vers lui après votre ronde! »

Je laissai, malgré tout, le peloton sur pied, à petite distance. Mais le reste de la nuit fut tranquille.

Au jour, la seconde division de l'escadron m'arriva... mais avec ses bagages et... des hommes à pied! Je renvoyai au plus vite ces impedimenta à leur régiment.

Cet escadron avait pour capitaine en second Moracin, mon camarade du Sporting. C'était un aimable compagnon qui jouait beaucoup. Il avait déjà gagné six ou sept cent mille francs. Mais il disait : « Je veux arriver au million. Alors je renoncerai au jeu ». Un soir, son gain accumulé avait atteint la somme coquette de 996,000 francs. Il avait voulu, pour en finir, violenter la fortune. Mais elle lui avait si bien tourné le dos qu'au matin sa « différence », restée célèbre, se chiffrait net par 496,000 francs, reperdus dans la même nuit!

Je laissai en soutiens les deux pelotons qui avaient marché la veille et lançai les deux nouveaux à la découverte. Pensant bien que l'ennemi apparaîtrait dans la zone explorée par celui de gauche, je me tins à sa portée.

Je venais de monter sur un mamelon, d'où j'embrassais un assez vaste horizon, lorsque j'aperçus ce dernier peloton ramené à très vive allure. Je courus à lui, le remis face en tête et le reportai en avant. Quatre ou cinq uhlans apparaissaient sur la crête d'où il descendait. L'officier m'apprit que, conformément à mes ordres, il avait échangé avec ces uhlans des coups de feu et s'était aussitôt replié.

Devant cette pointe d'avant-garde, je feignis de reprendre la route de Bièvre, mais, aussitôt Igny traversé, je me jetai avec ma troupe dans le bois de Verrières, longeai, en la remontant, la colonne ennemie et m'installai en observation sur un point de ce bois d'où je dominais la plaine. J'avais déjà vu ainsi défiler à quelques centaines de mètres de moi tout le régiment d'avant-garde, lorsqu'un de mes sous-officiers, ancien chasseur d'Afrique, trouvant l'occasion

belle, abattit d'un coup de fusil un des uhlans de
tête. J'étais furieux, car c'était bien naïvement
révéler notre présence.

Cependant la colonne ennemie s'était arrêtée
net, ne sachant d'où l'on avait tiré... Quand elle
se décida enfin à fouiller le village et les bois, je
prescrivis à tous mes pelotons de guides de se replier le plus tôt possible sur Châtillon en essayant
de se faire donner la chasse. J'avais mon idée.

J'allai au train de course annoncer au général
Ducrot que j'avais vu personnellement défiler la
tête de l'armée allemande se dirigeant par Bièvre
sur Versailles : « Mon général, lui dis-je donnez-
moi immédiatement la brigade Bernis. Je la con-
duirai en la défilant jusqu'au delà du Plessis-
Piquet. Là, nous déboucherons à plein galop sur
le plateau et nous rabattrons vers Châtillon toutes
les fractions ennemies que mes pelotons vont
attirer à leur suite. » Il approuva fort mon projet,
mais il s'écoula plus de temps que je ne l'avais
espéré avant que le général de Bernis pût se déployer sur le plateau, dont les fermes voisines du
Petit-Bicêtre venaient d'ailleurs d'être occupées
par les Allemands, et la journée, après une

escarmouche où deux chasseurs de la garde furent tués, se termina par un combat d'infanterie.

* * *

Le général Ducrot, certain désormais que l'ennemi se dirigeait sur Versailles en suivant la vallée de la Bièvre, résolut d'essayer de le couper en deux pendant sa marche de flanc. Estimant de plus que les hauteurs de Châtillon étaient indispensables à la défense, il obtint du gouverneur de Paris d'en assurer la conservation par un coup d'audace, dont l'effet au dehors et au dedans serait encore plus moral que matériel.

Aussi, le 19 septembre, à six heures du matin, trois colonnes s'ébranlèrent-elles à la fois. A droite, la division de Caussade, ayant en tête les zouaves, et, à gauche, la division d'Hugues avaient toutes deux pour mission de s'avancer violemment jusqu'aux confins du plateau et de s'y accrocher, tandis qu'au centre, quatre-vingts pièces d'artillerie, masquées d'abord par la cavalerie, devaient passer, le moment venu, dans les intervalles, pour couvrir d'obus et de mitraille les colonnes allemandes défilant à leurs pieds dans la vallée. La division de Maussion restait en réserve vers Bagneux.

Le général d'Hugues ayant à jouer dans cette journée le rôle principal, le général Ducrot m'avait détaché auprès de lui pour le guider à travers un terrain que j'avais étudié dans ses moindres détails.

Malheureusement, nos jeunes troupes, déprimées par les récits démoralisants de nos premiers désastres, ne furent pas, en général, à hauteur de ce qu'on attendait d'elles. Les divisions d'ailes se replièrent trop promptement et bientôt le général Ducrot en fut réduit à s'enfermer dans la redoute et à tenter de la défendre avec une poignée de braves. Il croyait son flanc gauche solidement garanti par les troupes occupant Bagneux et Fontenay-aux-Roses.

Vers trois heures, j'appris que ces deux villages avaient été évacués prématurément par suite d'ordres mal compris. M'étant assuré que cette grave nouvelle n'était que trop vraie, et qu'aucun effort n'avait été fait pour les réoccuper, je demandai aux généraux d'Hugues et Renault, qui se concertaient près de Vanves, à aller au plus vite informer le général Ducrot de la situation dangereuse où cet abandon le mettait... Il ne voulut pas croire d'abord à ce que je lui affirmais, mais bientôt, vaincu par l'évidence et ayant constaté d'ailleurs que l'ouvrage était absolument dépourvu d'eau, il reconnut l'impossibilité de s'y maintenir.

Il fit un instant cesser le feu. Les Bavarois s'avançaient en bataille sur les glacis du fort, ayant devant eux quatre officiers supérieurs à cheval. Quand ils furent à très petite portée, on fit sur eux une décharge générale. Les quatre officiers montés tombèrent ainsi que beaucoup de leurs braves soldats.

Alors le général Ducrot fit enclouer, par le capitaine du génie de Saint-Vincent, les pièces de douze dont les avant-trains, dans un moment de désordre, avaient été par mégarde emmenés vers Paris... On attela rapidement aux mitrailleuses des chevaux d'officiers. Puis, quand le 2ᵉ bataillon du 26ᵉ de marche, la 4ᵉ compagnie du 4ᵉ bataillon des mobiles d'Ille-et-Vilaine et les

quelques sapeurs du génie eurent évacué la redoute, le général Ducrot en sortit le dernier…

* *
*

La journée n'avait pas été bonne pour nos
armes, mais elle avait prouvé aux Allemands que
Paris renfermait d'audacieux défenseurs, tels que
Ducrot, Renault — « d'arrière-garde » — et Vinoy, résolus à combattre en rase campagne avec
l'énergie du désespoir, pour sauver du moins
l'honneur…

A la nuit, nos trois divisions rentrèrent dans
Paris et nous à leur suite.

Nous avions faim. Nous entrâmes, Louvencourt, Néverlée et moi, chez Durand : « Qui nous
eût dit il y a deux mois, s'écria Néverlée en s'as-
seyant, qu'un beau soir de septembre, après toute
une journée passée dans la poussière et les émotions d'un vrai champ de bataille, nous viendrions
ici dîner tous les trois ! »

Hélas ! l'avenir nous réservait à tous d'autres
et plus terribles surprises !

IX

LA MALMAISON

Après Châtillon, le général Ducrot avait transporté son quartier général en dehors de la porte Maillot. Nous étions tous logés chez Gillet.

Il y avait devant nous le 14ᵉ corps, chargé de défendre, en cas d'attaque de vive force, le secteur compris entre Saint-Ouen et Billancourt.

Notre valeureux général en chef entreprit aussitôt de relever rapidement le moral de nos jeunes troupes. Il chercha à les rendre moins impressionnables et à faire renaître leur confiance, en les menant fréquemment à l'ennemi, par petites fractions, dans des conditions de succès à peu près assurées. C'était une tâche séduisante, mais ingrate, comme on va le voir.

*
* *

Nous allions chaque jour à la découverte à tour de rôle.

Le 21 septembre, Franchetti revenait d'une reconnaissance dans la presqu'île de Gennevilliers. Il rentrait tranquillement à Colombes, le sabre au fourreau, avec un de ses pelotons, quand il fut accueilli par une décharge générale... Il se précipita de sa personne en avant pour faire cesser cette méprise. Mais déjà les tireurs s'étaient enfuis en jetant leurs armes... Il ne put les rattraper qu'au pont de Neuilly.

Le 30, le général Ducrot voulut, par un coup d'audace, prêcher d'exemple. Il s'agissait, après avoir pétardé les murs du parc, d'enlever la Malmaison, faiblement occupée. On demanda des volontaires dans la ligne et la mobile, et le commandement de l'opération fut confié à un officier d'une vigueur peu commune Il s'appelait le commandant Cholleton, et s'était déjà distingué en Algérie.

Il avait, pour le seconder dans ce coup de

main, les capitaines Llopis et de La Rochethulon. En tête de sa colonne marchaient des sapeurs du génie, avec des outils, de la poudre et des pétards.

Le général Ducrot appuyait en personne cette opération avec de l'infanterie, plusieurs batteries et un régiment de gendarmerie à cheval. Au coup de cinq heures du matin, on devait pratiquer la brèche et se jeter aussitôt dans le parc, pour enlever par surprise le château de la Malmaison.

Nous étions tous attentifs, regardant nos montres... Cinq heures... Nous écoutons. Cinq heures cinq. Rien. Cinq heures dix... Cinq heures quinze... Toujours rien. Le général m'appelle : « Prenez cinq ou six cavaliers avec vous, et allez voir. » A quelques centaines de mètres, j'aperçois un flot humain qui s'écoule lugubrement... Puis c'est Cholleton, pâle de colère avec ses deux capitaines : « Nous arrivions au mur du parc, me dit-il, quand un coup de fusil a été tiré, un seul, entendez-vous bien... il a suffi pour déterminer une panique, et tout a fondu !... C'est navrant ! »

Cholleton était un compatriote de d'Artagnan

dont il avait la crâne et spirituelle insouciance.

Peu de temps après qu'il eut été nommé lieutenant-colonel, je le rencontrai regardant défiler son régiment qu'il menait au feu. Il était emmitouflé dans un vieux caban d'Afrique : « Allons, mes enfants, disait-il à ses hommes qui allaient se faire casser la tête, marchez bien gentiment, deux par deux, comme à la procession !... »

Une autre fois, c'était après la guerre. Il avait pris un fiacre dans le centre de Paris pour rentrer à Courbevoie, où son régiment était caserné. Il pouvait être onze heures du soir. Arrivé à la place de la Concorde, le cocher s'arrête : « Voyez-vous, bourgeois, mon cheval est fatigué. — Ne vous en inquiétez pas, j'ai le temps, » répond Cholleton, en s'enfonçant dans son coin. Le fiacre repart. A l'Etoile, nouvel arrêt : « Tenez, décidément, s'écrie l'automédon, j'aime mieux perdre ma course. — Eh ! mon ami, grommela doucement Cholleton, pourquoi me réveillez-vous encore? Je vous l'ai dit : je ne suis pas pressé ; ménagez votre cheval. Pourvu que je sois demain matin, à neuf heures, à Courbevoie, pour mon rapport, c'est tout ce que je demande !... » Et il referma la portière. Comprenant qu'avec un semblable client il n'y avait plus rien à tenter, le cocher remonta sur son siège, et Cocotte eut bientôt des ailes...

*
* *

Le 2 octobre, le général Ducrot m'adjoignit quarante gendarmes, qui furent dès lors exclusivement affectés à mes reconnaissances quotidiennes.

Dans l'une des premières, nous fîmes un prisonnier qui, se voyant cerné, jeta son fusil et se coucha par terre, les bras en croix. Il était fort intelligent. Questionné, il fit des réponses qui nous parurent trop précises et trop importantes pour n'avoir pas été habilement préparées à l'avance...

La général Ducrot voulut bientôt tenter encore quelques faciles coups de main pour réagir contre la nervosité maladive de nos soldats improvisés.

Il me chargea de voir si la Malmaison n'était pas abandonnée, comme on le laissait entendre.

Le 7 au matin, j'étais dans Rueil, où je laissai mes gendarmes. Sachant où je vais, le maréchal des logis chef Petit insiste pour m'accompagner. J'y consens et nous partons.

Nous contournons Boispréau par la gauche. Arrivé au parc de la Malmaison, je tourne à droite, suivi par Petit. Je tenais à la main un revolver de poche. A la première grille, je regarde avec attention dans le parc. Rien ; mais j'aperçois, à l'extrémité du chemin, deux roues montées sur un essieu et entourées de branchages. Est-ce un affût? Je vais le reconnaître. Nous marchons sur l'herbe des bas-côtés pour étouffer le bruit des pas de nos chevaux... Au carrefour circulaire de la grande entrée du château, je m'approche de la première, puis de la deuxième grille. Rien. Je me dirige vers celle du milieu, quand le maréchal des logis chef, qui s'est arrêté à l'angle du rentrant, me fait : « Pst ! pst! » et me montre à dix pas sur ma droite une sorte de judas, à travers lequel je distingue le profil et les épaules d'un Prussien. Il est appuyé sur son fusil et, bien défilé par son mur... Petit le tient en respect avec son propre revolver, pendant que je regagne l'entrée du chemin où il est resté en observation...

J'ai toujours pensé que, si je n'ai pas été ce jour-là fusillé à bout portant, je l'ai dû au sang-froid de mon vaillant compagnon, qui fut d'ailleurs, peu de temps après, fait officier.

Bientôt éclata, sur nos derrières, en notre honneur, une sorte de feu roulant qui nous accompagna jusque dans Rueil.

J'écrivis aussitôt au général : « La Malmaison est occupée. J'en ai eu la preuve. » Il décida de l'attaquer le soir même.

Cette fois, on fit sauter sur plusieurs points les murs du parc et l'on y pénétra de divers côtés, pendant que l'artillerie du Mont-Valérien canonnait toutes les positions ennemies. Mais, surpris par cette brusque attaque, les Allemands s'étaient précipitamment repliés et avaient évacué le château quand nos troupes y entrèrent.

Les jours suivants se passèrent en reconnaissances et en escarmouches, exécutées, tantôt sur une grande échelle, tantôt par petites fractions commandées, soit par Cholleton ou par La Rochethulon, soit par Berthier, Louvencourt, Monbrison, ou par moi, toujours dans le but de faire renaître chez nos hommes l'émulation et la confiance.

*
* *

Le général Ducrot avait l'habitude de faire partager nos modestes repas aux officiers qui venaient chez Gillet prendre ses ordres.

Un jour qu'il avait ainsi invité le capitaine d'artillerie de Grandchamp, il s'excusa de ne pouvoir encore remplacer les pièces de 4 de son groupe par du 12. « Mais j'aime autant le 4, riposta Grandchamp. — Allons donc ! — Oui, mon général ; ces pièces sont plus légères et plus mobiles que celles de 12. On peut avec elles se mettre rapidement en batterie à huit cents ou mille mètres du but, et, là, elles valent toutes les autres ! » Cette fière réponse avait été suivie d'un silence. Elle devait recevoir une éclatante sanction dans la journée du 21, dite « de la Malmaison », où le général Ducrot allait voir nos constants efforts enfin récompensés par la belle attitude de nos troupes sous le feu.

Il s'agissait, officiellement, de chasser définitivement les Allemands de Rueil, et, s'il était possible, de la Malmaison, afin de pouvoir poursuivre, en toute sécurité, la construction de la redoute du moulin des Gibets. Mais le but réel était surtout de mener cette fois au combat l'ensemble du 14e corps d'armée.

Le 20, je reçus pour mission de reconnaître les derniers travaux de l'ennemi.

Arrivé à la station de Rueil, je mets pied à terre et me faufile dans les maisons et derrière les haies qui bordent la Seine. Je me coiffe d'une casquette noire pour moins attirer l'attention des sentinelles de l'autre rive, quand je regarde dans ma lorgnette... Mis en joue plusieurs fois, je n'essuie cependant aucun coup de feu. Je découvre ainsi deux nouvelles batteries qui viennent d'être construites à droite et à gauche du chemin de fer de Chatou.

Le lendemain 21, dans la matinée, je fais une reconnaissance en avant de Charlebourg, Nanterre, la station de Rueil et la Fouilleuse. Je ne remarque chez l'ennemi aucun mouvement de troupes important. Puis je rentre au Mont-Valérien pour déjeuner sommairement et changer de cheval. Après quoi, je rejoins le général Ducrot qui arrive sur le terrain et doit, de la « Maison brûlée », diriger l'opération.

* *

Cent vingt pièces de canon sont en batterie.

Au signal donné par le Mont-Valérien, elles commencent le feu.

Nos troupes s'avancent en trois groupes, soutenus chacun par une brigade en réserve : la colonne du général Berthaut à droite, celle du général Noël au centre, et celle du lieutenant-colonel Cholleton à gauche. Le général Ducrot se porte d'abord au kiosque Rodrigues, d'où l'on a des vues sur le parc de la Malmaison et sur la Jonchère.

Bientôt la fusillade s'engage furieuse. « Voyez, voyez, messieurs! s'écrie le général; ils avancent sur toute la ligne! Allons! les vilains jours sont passés! » Ils l'étaient, en effet, et la journée allait être fertile en glorieux épisodes.

A gauche, c'est le capitaine Faure-Biguet embusqué dans le chemin de Saint-Cloud, qui s'élance d'un bond, avec ses francs-tireurs, jusqu'au château de Buzenval, qu'il enlève brillamment et d'où il se rabat sur la porte du Long-Boyau.

Au centre, c'est le capitaine Llopis, avec les francs-tireurs du Mont-Valérien, et le capitaine Dumas, avec les tirailleurs de la Seine, qui se portent en avant au pas de course, sous un feu violent et vont ainsi donner la main au capitaine Faure-Biguet.

A droite, le brave commandant Jacquot, avec une poignée de zouaves, se couvre de gloire... Une barricade armée de canons et impossible à attaquer de front lui barre la route de Cherbourg... Dès qu'une brèche est ouverte dans le mur du parc, il franchit cette route au pas de course avec ses zouaves, sous le feu de la barricade, et la prend ensuite à revers. Les Prussiens qui la défendent s'enfuient en désordre. Poursuivant sa course victorieuse, Jacquot contourne la mare et se dirige, avec les deux capitaines Ducos et Colonna d'Istria et une soixantaine de zouaves, vers le plateau de la Jonchère, couronné d'ennemis bien abrités.

A ce moment, le général Noël voyant un bataillon du 36ᵉ arrêté par la fusillade qui l'écrase, lance en avant, pour lui venir en aide, deux compagnies de francs-tireurs et des mobiles de la Loire-Inférieure.

Le lieutenant de Luxer, du 26ᵉ, le caporal Toullec et un de leurs hommes, entraînés par leur fougue, s'aperçoivent tout à coup qu'ils sont cernés par un groupe d'ennemis : « Bas les armes! » leur crie un sous-officier allemand. « J'aimerais mieux crever, » hurle Toullec en faisant feu sur lui... Et tous trois foncent dans le tas à coups de sabre, de crosse et de baïonnette. Un trou se fait devant eux. Ils s'y jettent, mais, en rejoignant leur compagnie, une décharge abat le brave franc-tireur et casse le bras à Toullec...

Le commandant Jacquot, blessé à l'épaule, s'élance de nouveau à l'assaut des pentes de la Jonchère avec sa petite troupe.. Mais bientôt, blessé une seconde fois, il roule à terre... Le capitaine Ducos se précipite pour l'emporter. Deux coups de feu le mettent hors de combat. Le sergent-major Petit de Grandville court à son commandant et le charge sur ses épaules; il tombe frappé à son tour...

« Le commandant Jacquot, qui s'était conduit en véritable héros, lit-on dans la *Défense de Paris*, succomba à ses blessures ; sa mort fut un deuil général pour l'armée. »

*
* *

Pendant ce temps, le général Ducrot examinait de la « Maison brûlée » l'ensemble du champ de bataille. Tout à coup, nous apercevons des pièces d'artillerie au delà de la porte du Long-Boyau : elles semblent être en pleine ligne ennemie et tirent vers la Malmaison... Étonnement général. Un officier, qui arrive de cette direction, affirme que ce sont des pièces prussiennes, qu'il en est sûr... Le général va faire tirer sur elles, quand un doute le prend : « A qui à marcher? — A moi, répond Berthier. — Allez rapidement les reconnaître. Qui marche après Berthier? — Moi, dis-je. — Même ordre. Vous partirez dans trois minutes. » Quand la mission était importante, le général Ducrot la confiait généralement à deux de ses officiers, se suivant à un court intervalle, pour le cas où l'un d'eux serait blessé en route ou arrêté par un accident.

C'étaient des canons français du commandant de Miribel.

Comme Duchand à Waterloo, le brave Nismes s'était avancé « à quart de portée de fusil » des tirailleurs allemands. Là, il avait mis en batterie trois pièces de quatre... et son vaillant camarade Grandchamp, fidèle à son principe, était venu à plein galop prolonger sa droite avec deux de ses mitrailleuses.

Tous deux prenaient ainsi d'écharpe les colonnes prussiennes, qu'ils criblaient d'obus et de balles aussitôt qu'elles apparaissaient.

Soudain, des masses ennemies sortent des bois de tous côtés. Nos chasseurs à pied, nos francs-tireurs, cédant devant le nombre, sont refoulés... Une pièce du capitaine Nismes est emmenée par les nôtres. Les deux autres, dont tous les servants et les chevaux ont été tués, sont en détresse...

Les mitrailleuses n'ont cessé de tirer ; on peut en faire rentrer deux précipitamment dans nos lignes. Quant à la troisième, au moment où l'on amène son avant-train, le lieutenant Darolles et un sous-officier tombent frappés de balles, au milieu des attelages affolés, et il faut toute l'énergie dont est animé l'intrépide Grandchamp pour sauver cette pièce.

Cependant, autour des deux canons désemparés, luttent désespérément les capitaines Nismes et Lallier. A leurs côtés sont tombés les sous-lieutenants Goudmant et Schmit... Ils n'ont plus avec eux que deux sergents, cinq chasseurs du 12e bataillon et Huguet, trompette d'artillerie... Quand ils eurent brûlé leur dernière cartouche, Nismes se décida enfin à se replier avec ses vaillants compagnons. Mais, en arrivant à la route de Saint-Cloud, le brave Huguet, qui avait trois balles dans le corps et n'avait pas voulu abandonner son capitaine, tomba de cheval pour expirer aussitôt...

La nuit venait. Le général Ducrot fit donner partout le signal de la retraite...

En regagnant le quartier général, nous restâmes silencieux. Chacun de nous réfléchissait à ce qu'il venait de voir et nous sentions renaître secrètement en nous une faible lueur d'espérance...

X

LE 31 OCTOBRE

On apprend que Bourbaki est à Tours. Cette nouvelle semble attrister le général Ducrot. Pendant deux jours il est préoccupé, taciturne. Peut-être songe-t-il au rôle qu'il aurait pu jouer en province s'il avait suivi nos conseils et était parti en ballon... Sa présence eût pu avoir, après la guerre, des conséquences incalculables au point de vue politique...

A cette période du siège, les cabarets élégants étaient encore assez bien approvisionnés. On y dînait — moyennant la forte somme — à peu près comme en temps normal. Et, entre deux gardes aux tranchées, on y voyait parfois, en galante compagnie, tel seigneur de marque qui venait s'y refaire du maigre ordinaire de son escouade...

*
* *

Tout à coup une nouvelle retentit dans Paris comme un coup de tonnerre : « Le Bourget est pris ! les francs-tireurs de la Presse ont enlevé le Bourget ! » et chacun d'exalter ce succès à l'égal d'une grande victoire. En effet, le général de Bellemare, voulant exercer ses troupes, comme l'avait si souvent fait le général Ducrot, avait décidé d'attaquer le Bourget. Le 28 octobre, à quatre heures du matin, les francs-tireurs de la Presse, au nombre de 240, s'étaient jetés bravement sur ce village et en avaient chassé les Allemands.

La population parisienne, impressionnable à l'excès, salua cette nouvelle comme l'aurore de la délivrance. Aussi peut-on se figurer quelles furent sa colère et sa déception quand, deux jours après, le bruit, bientôt confirmé, se répandit que l'ennemi avait repris le Bourget !

Décidés à ne pas laisser entre nos mains cette position importante pour eux, les Prussiens avaient deux fois tenté de nous en chasser. Dès

le 28 au soir, deux compagnies allemandes s'é-
taient avancées jusqu'au village sans être aper-
çues : « Qui vive? » avait crié la sentinelle.
« France! Moblots! » avait-il été répondu. Mais
déjà le capitaine Faurez a fait prendre les armes
à ses mobiles. Il a entendu parler allemand :
« Feu! feu! » commande-t-il, et une décharge à
bout portant mit en déroute ces téméraires assaillants...

Enfin, le 29, une violente canonnade avait encore été dirigée sur le Bourget et de nombreuses
troupes s'étaient montrées dans la plaine, puis
s'étaient éloignées sans combattre.

Mais, le 30, dès la pointe du jour, la garde
prussienne dessina son attaque. Vingt mille
hommes d'infanterie et trois mille chevaux se
mettaient en mouvement, tandis que les batteries
prenaient position et entamaient le feu.

Ils sont formés en trois colonnes profondes
qui s'avancent au pas de course. Celles des ailes
enlèvent rapidement les bas-côtés du village,
tandis qu'au centre se livre un combat des plus
acharnés. Les mobiles du commandant Baroche
et les compagnies du 128e, électrisées par le com-

mandant Brasseur, luttent en désespérés... La garde prussienne en est réduite à enlever maison par maison les derniers refuges de ces braves.

Lorsque tout est perdu, on presse le commandant Baroche de se retirer : il refuse... Alors, on le voit s'élancer seul vers l'ennemi... Là, il fait feu de son revolver et tombe aussitôt frappé de plusieurs balles... Ainsi périt, le cœur meurtri, cet héroïque officier. Il avait cherché volontairement la mort glorieuse des preux, face à l'ennemi victorieux!...

*
* *

Le public parisien se disait, non sans raison : Si le Bourget nous est inutile, pourquoi ne pas l'avoir évacué? Si sa possession pouvait nous servir, pourquoi ne pas l'avoir mis beaucoup plus solidement en état de défense?

Mais bientôt une nouvelle plus terrible encore se répand... Une sinistre angoisse étreint toutes les poitrines : l'armée de Metz aurait capitulé. Est-ce vrai?... Hélas! on apprend qu'aucun doute n'est possible. Thiers en a apporté la confirma-

tion... Dès lors, celui qu'on appelait hier le glorieux Bazaine n'est plus qu'un misérable et un
vendu... que deux millions d'âmes vouent aux gé-
monies !

C'en était trop pour les cerveaux surchauffés
des faubourgs ; la colère du peuple grondait. Elle
allait déborder.

Thiers laissait entendre aux membres du gouvernement que le moment était venu de conclure
la paix. Elle coûterait maintenant l'Alsace et deux
milliards ; plus tard, la Lorraine et l'Alsace et
cinq milliards... Pour lui, qui avait vu les armées
de province, tout espoir de succès définitif était
une chimère.

On l'autorisa à demander un armistice de
quinze jours avec ravitaillement et la faculté de
communiquer avec l'extérieur, pour préparer
l'élection d'une Assemblée nationale chargée de
négocier la paix...

*
**

La reprise du Bourget, la reddition de Metz,
l'arrivée d'un négociateur, ces trois faits, disaient

les énergumènes, devaient dessiller les yeux aux plus aveugles .. « Trochu, Bazaine et Thiers s'entendent pour vendre la patrie. C'en est fait : Nous sommes trahis ! »

Le 31, dès le matin, une foule énorme se répand dans Paris. « La Commune ! Pas d'armistice ! » crie-t-on de toutes parts. Le général Tamisier essaie de réunir les bataillons de garde nationale sur lesquels il peut compter. Ils prennent les armes, mais se dirigent en masse vers l'Hôtel de Ville, où ils se mêlent aux émeutiers dans la plus grande confusion.

Les membres du gouvernement y sont réunis. Ils délibèrent. Ils veulent haranguer la foule. Mais on les hue, et bientôt ils sont molestés, frappés et gardés à vue, pendant que les chefs de l'insurrection dressent la liste d'un gouvernement provisoire...

Cependant Ernest Picard est parvenu à s'échapper.

Il prend aussitôt des mesures pour délivrer ses collègues prisonniers... Le commandant Ibos, à la tête du 106e bataillon de la garde nationale, pénètre dans l'Hôtel de Ville. Grâce au désordre

qui y règne, il finit par dégager le général Trochu.

*
* *

Pendant ce temps, le général Ducrot nous avait
envoyés dans Paris aux nouvelles; mais nous
n'avions rien appris de précis. Des dépêches peu
compréhensibles lui étaient arrivées d'Ernest Picard et du général Schmitz.

A tout événement, il avait fait prendre les
armes à une division d'infanterie, et atteler une
batterie de 12 et une batterie de mitrailleuses.
Ces troupes attendaient massées aux environs de
la porte Maillot.

Le commandant Bossan n'était pas revenu du
Louvre quand nous nous mîmes à table. Le repas
fut court. Nous finissions de dîner, lorsqu'arriva
Franchetti.

Intelligent, brave, très populaire à cause de ses
éclaireurs qu'on voyait sans cesse aux côtés du
général, il avait pu se faufiler à travers les
groupes et rapportait enfin des nouvelles certaines : « Le gouverneur et les membres du gou-

vernement sont prisonniers aux mains des émeutiers. Il y a urgence à les délivrer. » Le général
Ducrot réfléchit un instant, puis s'écria : « Messieurs, à cheval! Nous entrons dans Paris. » Il
était sept heures et demie passées.

On fit aussitôt occuper par un bataillon la porte
Maillot pour s'en assurer le passage. Ce n'était
pas inutile. A l'instant où l'officier désigné arrivait au corps de garde, on y recevait une dépêche de Blanqui défendant de laisser pénétrer
dans l'enceinte aucune troupe...

La porte une fois occupée, le général Ducrot
s'engagea dans l'avenue de la Grande-Armée. Il
était suivi par la batterie de 12 et les mitrailleuses, qu'accompagnait de l'infanterie. Le régiment de dragons du colonel L'Hotte était à cheval, prêt à marcher.

Chemin faisant, le général nous donne ses
ordres : « Arrivée à la place de la Concorde, l'infanterie se divisera en deux colonnes, munies
chacune de trois canons de 12 et de trois mitrailleuses. L'une suivra la rue de Rivoli et l'autre les
quais. Les gardes nationaux de l'ordre se join-
dront à nous. Si nos troupes se heurtent à la

résistance active des émeutiers, on répondra à la force par la force. Les mitrailleuses balaieront les groupes hostiles. On enveloppera l'Hôtel de Ville, et les pièces de 12 en enfonceront les portes.

A hauteur de l'Arc de Triomphe, Néverlée nous rejoint. Il a vu le général Trochu, qui vient d'être délivré. Il apporte l'ordre formel du gouverneur de faire rétrograder toutes nos troupes. On veut encore éviter les moyens extrêmes.

Le général Ducrot n'avait qu'à obéir. C'est ce qu'il fit. Puis il courut au Louvre conjurer le général Trochu d'agir avec vigueur contre ces factieux qui venaient de commettre le plus grand des crimes de lèse-patrie : la rébellion devant l'ennemi.

*
* *

Nous mîmes pied à terre, Louvencourt et moi, et nous allâmes à la découverte, par les quais, vers l'Hôtel de Ville.

Arthur de Louvencourt était, comme Léo Berthier, un de mes anciens camarades du 6e de hussards. Ils avaient tous deux donné leur démission jadis et étaient capitaines de mobiles. Quand le général Ducrot entra dans Paris après son évasion, je les lui signalai. Il s'empressa de se les attacher comme officiers d'ordonnance et il n'a pas eu lieu de s'en repentir...

Nous étions tous trois fort liés. Louvencourt était grand, mince, élégant, distingué. Chez lui, sous une apparence un peu frêle et alanguie, se cachait une bravoure touchant à la témérité. Il en avait donné la preuve dans plusieurs petites expéditions de nuit exécutées avec des francs-tireurs. C'était aussi un adversaire redoutable sur le terrain. Il avait notamment, dans son répertoire, certain coup droit et certain coupé-dégagé en dessous, avec lesquels il touchait presque à coup sûr. Il avait eu plusieurs duels retentissants où il avait montré une vigueur et un sang-froid peu communs. Il n'avait jamais travaillé la contre-pointe; or, certain jour qu'il se battait au sabre contre un adversaire bâti en Apollon, qui préludait en faisant de savants moulinets et maniait son arme en véritable prévôt, Louvencourt bondit sur lui, et, du premier coup, lui laboura le thorax d'une telle estafilade qu'elle mit fin au combat...

Il était très séduisant, montait à cheval comme un centaure, et le général Ducrot avait pour lui une affection particulière.

Nous longeons la façade de l'Hôtel de Ville. Nous voyons beaucoup de gens armés et de curieux sur les trottoirs et sur la place. Mais nous n'entendons pas de cris. En somme, cette foule semble tranquille.

Nous allons alors au Louvre, pour reprendre nos chevaux. Nous montons au salon de service. Il y règne une grande émotion. On nous raconte les dangers qu'a courus le général Trochu. Il a été insulté, menacé, bousculé, mis en joue...

Bientôt arrivent successivement le général Le Flô, Jules Favre, Garnier-Pagès et les derniers membres du gouvernement. Grâce à la ténacité des officiers d'ordonnance du gouverneur, et surtout de Frédéric de Beaumont, ils viennent d'être délivrés par les mobiles du Finistère, sous les ordres du commandant de Legge...

Après un échange interminable de pourparlers avec les principaux chefs de l'émeute, ces derniers avaient relâché les otages dont ils s'étaient emparés. Jules Ferry avait montré dans cette circonstance critique beaucoup d'énergie. Mais il avait transigé, paraît-il, avec eux, en leur promettant qu'ils ne seraient pas inquiétés...

*
* *

Cependant les bataillons de la garde nationale qui avaient répondu à l'appel étaient formés en ligne rue de Rivoli, sur les quais, rue de la Paix et sur les grands boulevards. Ils attendaient des ordres. Le général Ducrot pressait le général Trochu de monter à cheval et de les passer en revue. Il finit par l'y décider.

A deux heures et demie du matin, le gouverneur sortit à cheval du Louvre avec le commandant Bibesco, son aide de camp. Il avait près de lui le général Ducrot, qui était entouré de son état-major particulier. Nous nous serrâmes contre nos chefs pour les protéger et faire bloc pour traverser la foule.

Dès qu'on aperçut le général Trochu, les tambours battirent aux champs. Un immense cri de :

« Vive Trochu! Vive le gouverneur! » sortit de
toutes les poitrines. Ce fut un triomphe… Nous
longeons d'abord la rue de Rivoli au milieu d'acclamations. Au coin de l'Hôtel de Ville, c'est un
enthousiasme indescriptible. Le général Trochu
harangue les gardes nationaux de l'ordre : « Vous
avez sauvé la république. Le pays vous remercie
par ma bouche… » etc.

Puis, le commandant Vabre, prenant par la
bride le cheval du gouverneur, lui fait tracer doucement son sillon dans la cohue qui encombre la
place… Mais au bord de l'eau, tout change. On
vocifère : « Vive la Commune! A bas les traîtres! »… La foule hostile se rapproche d'une
façon inquiétante. Plusieurs canons de fusils sont
braqués vers le général Trochu. Nous les écar-
tons vivement et notre petite phalange massée
autour de lui éloigne les indiscrets…

Mais bientôt, d'ailleurs, nous retrouvons les
bons bataillons. Rue Castiglione, place Vendôme,
rue de la Paix, l'accueil est de nouveau très cha-
leureux.

A trois heures et demie, nous rentrions au
Louvre. Le général Ducrot ne quitta le gouver-

neur, toujours indécis et hésitant, qu'après avoir obtenu de lui la promesse formelle et réitérée que justice serait faite avant le jour, aussitôt que des cours martiales, réunies sans désemparer, auraient jugé les principaux factieux pris les armes à la main...

Il était cinq heures du matin quand nous rentrâmes à la porte Maillot.

A neuf heures le général Ducrot était devant la maison Gillet, attendant anxieusement des nouvelles... Bientôt arriva Bossan : « Eh bien?... — On a relâché tous les coupables, » fut sa réponse.

Le général frappa du pied, tourna sur les talons et rentra sans mot dire...

XI

NÉVERLÉE

Un soir que nous étions tous assis chez Gillet à notre grande table, l'un de nous s'écria : « Docteur, c'est du cheval que nous mangeons là ! » C'était en effet Sarazin que le général Ducrot avait chargé de notre popote. Il demanda aussitôt la parole : « Messieurs, nous dit-il, je ne vous ferai pas la mauvaise farce de vous empoisonner sans avertissement préalable. Vos estomacs sont déjà fatigués. Le cheval les éprouvera encore davantage. Quand nous commencerons à en consommer, je ferai mon devoir de médecin. Je vous avertirai et vous donnerai à ce sujet quelques utiles indications. » Nous savions Sarazin sérieux. Nous nous tûmes.

Quelques jours plus tard, nouvelle boutade d'un indépendant : « Oh ! cette fois-ci, docteur, c'en est bien ! — Messieurs, je vous répète que j'ai trop le souci de votre santé pour ne pas vous prévenir à l'avance quand on vous servira du cheval. Que ce soit bien entendu, une fois pour toutes! » Les plus défiants se le tinrent pour dit.

A une semaine de là, nous complimentions précisément Sarazin sur l'excellence d'un superbe filet, « au madère » s'il vous plaît : « Eh bien ! mon général, s'écria-t-il, c'est celui de la jument qui m'a conduit en fiacre, avant-hier, à ma visite ! — Allons donc ! — Parfaitement. Du reste, voilà trois semaines que nous n'avons pas mangé d'autre viande que du cheval, sauf à deux repas... Pouvez-vous me dire, vous tous, quelles sont ces deux dates où je vous ai servi du bœuf? » On mit la question aux voix. Le dépouillement du scrutin fut désastreux. Personne n'était fixé... Mais le tour était joué, et nous nous étions tous habitués au cheval sans nous en douter.

*
* *

Le mois de novembre se passa en préparatifs de toute sorte pour une action suprême où se jouerait le sort de Paris. L'histoire impartiale dira un jour les tours de force accomplis par l'industrie privée et les ateliers militaires, pour fabriquer des canons, des affûts, des mitrailleuses et des munitions, et pour créer de toutes pièces les effets d'habillement, d'équipement et de harnachement nécessaires aux armées qu'on organisait en vue d'un effort gigantesque. On attendait que tout fût prêt pour agir. Mais tout le monde était au travail.

Le général Ducrot préparait silencieusement la réalisation d'un plan audacieux que les événements postérieurs l'ont forcé d'abandonner.

Étant, dix ans plus tard, en Amérique et questionnant, sur les grands chefs de partisans de la guerre de Sécession, les officiers qui avaient opéré sous leurs ordres, l'un d'eux me dit : « Le général Morgan posait en principe qu'il faut en campagne faire le contraire de ce que votre adversaire peut raisonnablement supposer que vous allez entreprendre contre lui, et ce système lui a toujours merveilleusement réussi... »

Cette réflexion s'appliquait très bien au projet de sortie pour la basse Seine. Nous y avons tous travaillé, dans l'entourage de notre général en chef, chacun dans sa modeste sphère; mais le secret en était si bien gardé que j'ignorais personnellement dans quel dessein spécial le général Ducrot m'envoyait, à peu près chaque jour, sur le terrain futur des opérations, pour observer la rive occupée par l'ennemi.

Nous cherchions aussi à faire quelques prisonniers.

Dans ce but, dès que j'eus quatre galons, l'escadron de gendarmerie à cheval, dont quarante hommes m'étaient déjà adjoints, fut mis tout entier à ma disposition. Il était commandé par le vaillant capitaine Morel, dont le concours aussi intelligent qu'affectueusement dévoué m'a été particulièrement précieux.

De temps à autre, nous essayions un coup de main dans Rueil, quand les Prussiens m'y avaient été signalés. Alors le général Ducrot me confiait les mobiles de Lareinty et nous opérions de concert. Lareinty était ce fringant gentilhomme, si chatouilleux sur le point d'honneur, que tout Paris a connu. C'est lui qui, le 18 mars 1871, fut attaché par les fédérés, sur la butte Montmartre, à la gueule d'un canon chargé à éclater, ainsi qu'Emmanuel de Kergariou, maréchal des logis aux éclaireurs Franchetti, qui l'accompagnait. Sommés, dans cette posture peu ordinaire, de crier : « Vive la Commune! » ils poussèrent à l'unisson un formidable « Vive le Roi! » — « Eh bien! s'écria l'un des insurgés, voilà des gaillards qui ont du poil aux... pattes! » et on les détacha.

Ces petites opérations étaient assez amusantes. Elles avaient lieu le matin. Louvencourt, Hutton, Berthier y venaient assez souvent « en amateurs »... C'était devenu une sorte de sport, et plusieurs de mes camarades du Sporting se joignaient quelquefois à moi, quand ils avaient pu être prévenus assez à l'avance.

*
* *

Néverlée, lui, travaillait la nuit. Le général Ducrot lui avait affecté dans ce but une quarantaine d'hommes déterminés. C'étaient des volontaires choisis un peu partout parmi ceux qui s'étaient distingués depuis le commencement du siège. Cette petite troupe eut bientôt pris l'entrain et le mordant de son chef.

Déjà, elle avait trouvé moyen d'exécuter plusieurs reconnaissances nocturnes dans Saint-Cloud, lorsque, dans la nuit du 12 au 13 novembre, Néverlée y pénétra de nouveau. Il passa par le parc de l'une des premières maisons, suivi de ses hommes. Il s'avança, sans éveiller l'attention de l'ennemi, jusque sur une place, et là, embusqué avec tout son monde dans une des maisons en bordure, il attendit...

Au petit jour, une patrouille vint à passer. Elle comprenait six hommes et un gradé. Une décharge générale les abattit tous les sept. Six étaient tués. Quant au septième, blessé assez grièvement, les francs-tireurs le chargèrent sur leurs épaules et l'emportèrent avec eux. Tandis que l'on donnait l'alarme de tous côtés chez les Allemands, Néverlée repassait avec sa troupe par le chemin qu'il avait suivi à l'aller. Il fut bientôt sous la protection des canons du Mont-Valérien...

Ainsi, il était allé s'embusquer avec quarante enfants perdus au milieu d'une ville bondée de

Prussiens; il y était resté toute une nuit, en avait tué, à l'aube, une demi-douzaine et avait pu, au jour, rentrer dans nos lignes, en ramenant un prisonnier et sans avoir perdu un seul homme!

Le général Ducrot le félicita chaudement de ce coup d'audace. Il lui adjoignit le lieutenant de Luxer, qui s'était déjà distingué au combat de la Malmaison, et l'effectif de ses francs-tireurs fut porté à 120.

Cette compagnie fut composée dès lors de 35 zouaves du 4ᵉ, de 65 hommes de la ligne, de 14 mobiles de Seine-et-Marne et de 6 volontaires étrangers, Danois, Suédois et Américains.

Elle devait plus tard se signaler encore dans plusieurs affaires.

*
* *

Il y avait du feu dans l'âme de Néverlée. Exubérant, enthousiaste, il était sans cesse à l'affût d'émotions violentes. Il étouffait dans une garnison. Aussi, quand il était au dépôt de son régiment, à Joigny, lui arrivait-il souvent de filer brusquement sur Paris, sans permission, sans prévenir même les camarades avec qui il habitait...

« D'où viens-tu? lui dit un jour un de ceux-ci, en l'apercevant tout guilleret.

— De Paris. J'avais besoin de me dérouiller la main. J'ai été hier au théâtre. J'avais un voisin charmant. Mais nous nous sommes querellés, pour un motif stupide, naturellement, et nous avons été ce matin sur le pré... Je lui ai campé un gentil coup d'épée, et me voilà! »

Il avait eu plusieurs aventures extraordinaires. On racontait que, surpris un soir en déshabillé galant, il avait cherché asile dans une cheminée, où il avait soutenu un véritable siège. Le propriétaire officiel du cœur qu'il avait enflammé s'était armé d'un fusil chargé et, chaque fois que la tête de Néverlée émergeait au-dessus des tuiles, il le couchait en joue... Il fallut appeler la garde pour le délivrer et lui permettre de regagner son logis en costume décent.

*
* *

Il avait fait l'expédition de Chine comme officier d'ordonnance du général Jamin.

En voguant vers le détroit de Malacca, il était tombé à la mer, on n'a jamais su comment. Grand émoi à bord. On stoppe. Un passager de marque, bon nageur, se jette à l'eau et se dirige, en faisant les brassées doubles, vers Néverlée... Ce dernier, qui n'a pas perdu la tête et qui nage d'ailleurs supérieurement, l'accueille... fraîchement : « Je ne vous ai pas prié de vous occuper de moi, etc. » Le canot de sauvetage ramena bientôt au bateau le sauveur et le sauvé, tous deux d'assez méchante humeur... Croirait-on que cet endiablé tarabusta tellement son trop zélé compagnon pendant le reste de la traversée, qu'aussitôt débarqués ils durent ferrailler en champ clos?

Dans la même maison que Néverlée demeuraient, à Joigny, plusieurs camarades, dont ses deux anciens de Saint-Cyr, Mennessier de La Lance et Dillon. Dillon était aussi très fort à l'épée et très friand de la lame. Un soir que Néverlée lisait, chez lui, la *Dame de Montsoreau*, Dillon entra dans sa chambre... Néverlée, enflammé par sa lecture, prône le courage d'autrefois, déclare qu'aujourd'hui, pour qu'on amène une figure devant une épée, il faut l'avoir pour le moins caressée de son gant, etc...

« Toi, par exemple, finit-il par dire en dégainant, tu as une latte au flanc; pourquoi ne la croises-tu pas avec la mienne? Est-ce elle qui a froid ou ta main qui est engourdie?

— Ah! dis donc, tu m'embêtes à la fin, » s'écrie Dillon en tombant en garde; et, seuls devant la *Dame de Montsoreau*, les voilà qui s'alignent... Néverlée reçut un coup de pointe à l'épaule : « J'espère, mon cher, que tu ne me refuseras pas ma revanche?

— Quand tu voudras, » répondit Dillon fort attristé d'avoir blessé son ami.

Ce dernier la demanda, dix, douze fois; on ne les comptait plus. Il enrageait d'être toujours touché. Or il y avait, dans la chambre de Mennessier, une superbe panoplie avec des armes de oute sorte. Un jour qu'après un déjeuner très gai plusieurs officiers regardaient cette panoplie :

« Tiens, dit Néverlée à Dillon, voici deux belles lattes vierges : tu me dois une revanche. Les autres n'étaient pas sérieuses. Allons! mets-toi en garde!

— Jamais de la vie : vous êtes des fous, » s'écrièrent les camarades en chœur. « Messieurs, riposta Dillon, Néverlée a raison. Je suis à ses ordres.

— Jurez-nous alors, ajouta vivement un des présents, que — quoi qu'il advienne — jamais vous ne vous battrez plus ! » Les deux champions en firent le serment et le combat commença. Il fut très vif et Néverlée fut encore assez sérieusement blessé. Cette fois il se jeta dans les bras de Dillon et lui dit : « Merci, mon vieux. Je tiens à te jurer sur mon honneur que, même si tu me fouettais la figure de ton épée, je ne m'alignerai plus jamais avec toi ! »

On conçoit que cette humeur batailleuse à l'excès, jointe à une susceptibilité toujours aux écoutes, faisait de notre vaillant compagnon de guerre un serviteur plutôt gênant, pendant la paix, pour ses chefs, et un camarade peu facile pour ses égaux. Mais en campagne ses merveilleuses qualités militaires apparaissaient seules dans tout leur éclat. Il avait un sang-froid extraordinaire, une intelligence hors de pair et une bravoure toujours égale.

*
* *

« Comment portez-vous les ordres sur le champ
de bataille? » m'avait-il dit une fois.

— Mais, lui avais-je répondu, dès que le général m'en a donné un, je pars au galop et je
reviens de même.

— Moi, répliqua-t-il, en allant, je vais aussi vite
que possible et je me défile de mon mieux. Mais,
aussitôt ma mission remplie, je me paie le luxe
de me mettre bien en vue et je rejoins au pas,
car, alors, peu importe si j'écope... »

Il faisait comme il l'avait dit.

C'est le hasard qui l'avait mis en rapport
avec le général Ducrot.

Le 1ᵉʳ cuirassiers, étant en garnison à Hague-
nau, envoyait un peloton d'escorte à Strasbourg,
auprès du général commandant la 6ᵉ division
militaire. Ce peloton était relevé tous les six
mois. Il en était de même de l'officier qui le
commandait. Le lieutenant de Néverlée avait été
désigné ainsi pour être détaché pendant un

semestre auprès du général Ducrot. Quand les six mois furent expirés, son peloton fut remplacé par un autre, mais le général, séduit par les brillantes qualités militaires de Néverlée, le conserva à poste fixe auprès de lui, pour commander son escorte. Quelque temps plus tard, il le prenait régulièrement pour officier d'ordonnance, et, dès lors, l'attachement et l'estime du général pour cette nature chevaleresque et captivante ne firent que grandir.

* *
*

Le 28 novembre, Néverlée vint à moi. Nous avions été mandés, l'un après l'autre, chez le général Ducrot, qui avait voulu nous donner des instructions spéciales en vue de la bataille du lendemain. « Est-ce qu'il vous a aussi chargé d'une mission de confiance? me demanda-t-il en souriant. Moi, j'en ai une qui me flatte beaucoup, mais j'ai idée qu'elle ne ressemblera guère à une simple promenade militaire. »

Le soir, Néverlée dîna chez Bignon avec Coriolis, Arthur Meyer, le major Hutton et Edmond de Castries, son camarade de Saint-Cyr, dont il me parlait souvent. C'était son plus intime ami : « Je viens de boire, s'écria-t-il en se levant, mon dernier verre de champagne. — Allons donc, lui dit-on. Pourquoi? — Parce que je serai tué demain... » Et il descendit pour enfourcher Cadio, qui l'attendait au coin du boulevard.

Il se trompait d'un jour : il avait compté sans la crue subite de la Marne.

Évadé comme nous des mains de l'ennemi, Néverlée était rentré dans Paris le 17 septembre. Nous avions déjà choisi des chevaux parmi ceux de l'ancienne liste civile. Il n'en trouva plus aucun qui pût vraiment lui convenir. Comme j'en avais pris trois excellents pour mon service personnel, je m'empressai de lui en céder un. C'est ainsi qu'il montait Cadio le 28 novembre, et le surlendemain devant Villiers.

Pensant d'ailleurs qu'il aurait ce jour-là un ou deux chevaux tués sous lui, il avait recommandé à son ordonnance, qui s'appelait Geoffrion, de se tenir à sa portée pendant l'action avec les deux sur lesquels il ne serait pas. On verra que ce dévoué serviteur fut digne de son maître...

XII

VILLIERS-CHAMPIGNY

Le général Trochu avait plusieurs fois parlé, dans ses proclamations, d'un plan dont il vantait par avance l'infaillibilité. La population parisienne, déçue de n'en pas connaître la trame, s'était vengée en chansonnant cette énigmatique conception militaire. Aussi, quand arriva la nouvelle de la victoire de Coulmiers et de la marche de d'Aurelles vers la forêt de Fontainebleau, fut-il impossible de résister à la voix publique qui exigeait un prompt effort vers « l'armée de la Délivrance... »

La rage au cœur, le général Ducrot dut renoncer au rêve qu'il se croyait si près de transformer en réalité. Il retourna donc bout pour bout son objectif... Travaillant jour et nuit, il dicta de nouveaux ordres de mouvement à Victor de Lesseps, et, pour éviter les indiscrétions, aucune date, aucun nom de localité, aucune désignation d'unité ne figura dans les minutes recopiées par les secrétaires. Ces indications n'y furent portées qu'au moment même de leur signature par le général. Elles furent aussitôt expédiées à leurs destinataires.

Le 28 novembre, il y eut, vers onze heures du matin, une sorte de grand conseil tenu chez le gouverneur. Tous les membres du gouvernement et quelques hautes personnalités militaires y assistaient. J'avais accompagné le général Ducrot jusqu'au Louvre.

Supposant que cette séance serait longue, j'entrai pour déjeuner chez Voisin : « Mon commandant veut-il que je lui serve de la trompe d'éléphant? me demanda le maître d'hôtel.

— De la trompe d'éléphant? dis-je, voilà un plat qui n'est pas banal... C'est bon?

— C'est exquis.

— Va pour votre trompe! » C'était tout simplement délicieux. J'en redemandai une seconde tranche...

« Nous avons acheté les deux éléphants du Jardin d'Acclimatation, m'explique le gérant du café

— Combien?

— Environ 15,000 francs par tête... » Mon ministre des finances était devenu pensif... « Et vous vendez la tranche? ajoutai-je négligemment.

— Quarante francs. » Étant très fort en mathématiques, je calculai mentalement que j'avais déjà englouti pour quatre louis de ce savoureux appendice, et je compris qu'il était temps de modérer mon appétit... D'ailleurs Bossan venait de me rejoindre.

*
* *

Il sortait du conseil de guerre qui s'était tenu au Louvre. Il m'apprit que cette réunion avait été très émouvante. Le général Trochu avait pris le premier la parole. Il avait dit en quelques mots ce qu'on attendait de ceux qui allaient tenter un effort suprême : « Je leur ai choisi pour chef, s'écria-t-il, celui d'entre nous dont le nom s'impose en raison de son indomptable énergie et de sa bravoure légendaire : mon vaillant camarade Ducrot... Il va nous lire l'ordre qu'il adresse à ses troupes. » Alors, d'une voix vibrante, le général Ducrot donna lecture de la fameuse proclamation où il avait mis toute son âme de soldat et d'ardent patriote... Quand il eut fini, tous les assistants vinrent à lui dans un élan d'enthousiasme. Tout le monde avait les yeux humides. Le général Trochu l'embrassa longuement : « Que de braves vont encore être sacrifiés dans cette lutte à outrance, dit-il enfin, mais quelle gloire impérissable pour ceux qui en reviendront! »

Ce qu'avaient éprouvé les acteurs et les témoins de cette scène impressionnante, Paris et l'armée le ressentirent. Il faut avoir vécu ces heures inoubliables pour le comprendre. La proclamation enflammée du général en chef produisit un effet indescriptible. Nous avions tous hâte de faire notre devoir dans le grand drame qui allait se jouer. « Vaincre ou mourir » a bien été, dans cette soirée du 28 novembre, la devise de tous ceux qui devaient, le lendemain, marcher à l'ennemi. Il appartient aux survivants qui ont eu l'honneur de voir au feu, le 30 novembre et le 2 décembre, notre héroïque général, de dire si, comme je vais essayer de le montrer, il a tenu sa promesse sublime en bravant la mort et en cherchant la victoire.

Avant lui, Ney, à Waterloo, couvert de sang, son épée brisée, s'était écrié : « Venez voir comment meurt un maréchal de France! » Il chargea six fois et eut quatre chevaux tués sous lui... Et pourtant, hélas! il ne trouva pas la mort qui l'eût enseveli dans sa gloire!...

Un demi-siècle plus tard, le 16 août 1870, son intrépide petit-fils, au moment d'aborder l'ennemi, lançait loin de lui son casque, et jetait à ses escadrons, de toute la force de ses poumons, ces paroles dignes de sa race : « Regardez-moi bien! je vais vous montrer comment on charge quand on a cinq cent mille livres de rente! » Et il se ruait dans la mêlée, tête nue, s'y battait comme un lion et y recevait sur la figure plusieurs coups de sabre dont trois le balafraient profondément!

*
* *

Quelques jours auparavant, le général Ducrot avait institué un « corps d'éclaireurs de la 2ᵉ armée », dont il me donna le commandement. Ce détachement comprenait l'escadron Franchetti, un escadron du 14ᵉ dragons, sous les ordres du capitaine Klein, et un escadron de gendarmerie à cheval, commandé par le capitaine Morel. Enfin, une section d'artillerie, ayant à sa tête le sous-lieutenant Fortoul, lui était affectée. Elle emmenait avec elle un chariot de batterie portant des munitions, des sacs de poudre, des outils, des fusées de signaux et des clous d'enclouage.

Le général Ducrot m'adjoignit pour me seconder le capitaine Jacques de Ganay, du 3ᵉ chasseurs d'Afrique. Ce jeune et brillant officier avait été blessé à Sedan dans les charges commandées par le général de Galliffet. Atteint d'une balle au bras, il avait néanmoins trouvé moyen de hisser sur ses épaules son camarade de Montfort, qui gisait sur le champ de bataille avec une jambe affreusement broyée, et de le porter ainsi à l'ambulance. Le roi Guillaume, apprenant la blessure de Ganay, lui avait envoyé son médecin pour le soigner, ce qui ne l'avait pas empêché de s'évader dès qu'il l'avait pu, en franchissant les murs de son hôpital.

En allant rejoindre nos troupes à Nogent, nous dînâmes chez Bignon avec Bossan, Louvencourt et deux ou trois autres d'entre nous. « Qui sait où nous serons demain? » pensions-nous comme Mignon... Nous trinquâmes gaiement.

La nuit fut très mouvementée. On apprenait vers deux heures que l'opération annoncée n'aurait pas lieu, une crue de la Marne empêchant de jeter les ponts prévus.

Un peu plus tard, de Batz arrive en traînant son sabre : « L'action sur Chelles, me dit-il, qu'on avait projetée un moment, est aussi abandonnée, comme vouée à un insuccès certain... » J'accours vers le général Ducrot. Il me remet une lettre confidentielle pour le général Trochu, et m'envoie vers lui à Vincennes, pour lui donner au besoin des explications verbales... Le général Trochu paraissait anéanti. Décidément la malechance nous poursuivait!

Le 29, on renforça la défense du plateau d'Avron, qui avait été occupé la veille, et, dans l'après-midi, on convint que le passage de la Marne s'effectuerait le lendemain dès la première heure.

*
* *

En effet, le 30 au matin, cette partie du programme s'accomplit avec beaucoup d'ensemble et d'entrain. En moins de deux heures, quatre divisions étaient sur la rive gauche de la rivière.

Du fort de Nogent, le général a donné le signal convenu. Le 3e corps doit déjà occuper Neuilly-sur-Marne et jeter des ponts à hauteur de ce village et de Bry, sous la protection des batteries du plateau d'Avron. Puis il enlèvera Noisy-le Grand, d'où il menacera les derrières de Villiers,

Le 2e corps s'ébranle. Le général Ducrot marche à portée de la division de Maussion, qui tient la tête.

En arrivant au remblai du chemin de fer, une décharge très nourrie arrête un instant nos jeunes troupes. Elle part d'une barricade établie sous la voûte... Le général Ducrot court à la barricade. Nos tirailleurs le suivent. Il écarte de sa main les gabions : « Vous voyez, mes enfants, que ce n'est pas bien difficile ! » s'écrie-t-il familièrement. Un hurrah lui répond. On crie : « En

avant! A la baïonnette! » On déblaie le passage.
On traverse la voie... Les postes ennemis, bous-
culés, s'enfuient précipitamment et plusieurs
prisonniers tombent entre nos mains. En même
temps, la batterie Nismes, précédée par nos
tirailleurs au pas de course, va s'établir au bord
du plateau.

A dix heures, nous couronnons toutes les crêtes
qui environnent Villiers.

La division de Maussion a franchi la Marne
tout entière, depuis longtemps. Elle a en tête ses
propres francs-tireurs, et, en avant d'eux, Néverlée, avec le capitaine de Luxer, nommé de la
veille, et ses volontaires. Arrêtée sur les pentes
du plateau, à cinq cents mètres du parc de Villiers, dont les murs sont percés de deux rangs de
créneaux, elle est mal défilée. Les hommes s'énervent. Le général Ducrot attend anxieusement des
nouvelles du 3ᵉ corps, qui doit prendre Villiers
à revers. On n'entend pas son canon vers
Bry...

Un officier arrive : le général d'Exéa n'a pas
encore commencé à passer la Marne. Que faire?
Reculer avant d'avoir attaqué, ce serait la dé-

route : « En avant ! » ordonne le général Ducrot...
Et tout le monde s'ébranle.

« Mon capitaine, dit Luxer à Néverlée, mettez
donc pied à terre ; vous commandez de l'infanterie ! — Dans la cavalerie, répond Néverlée, on
combat à cheval ! Suivez-moi, mes enfants !... »
Il est à trois cents mètres du mur, en cible
comme un clocher, devant ses hommes. Il a mis
Cadio au petit galop et il roule tranquillement
une cigarette. Luxer et ses francs-tireurs sont au
pas de course.

Derrière cette mince ligne vient Geoffrion,
tenant un cheval en main. Comme son capitaine
n'a pas mis pied à terre, il a voulu, lui aussi,
en sa qualité de cavalier, rester en selle devant
l'ennemi.

Tout à coup, Néverlée chancelle et tombe. On
l'emporte. Il a une balle dans la poitrine et une
autre dans le bas-ventre... Il respire encore.
Je l'aperçois couché sur la terre durcie. Mais le
chirurgien qui l'examine me fait bientôt signe
que tout est fini...

Geoffrion a suivi son officier. Il n'est pas
blessé.

Le 2 décembre 1871, à l'inauguration du monument commémoratif des deux journées de Villiers et de Champigny, le général Ducrot évoqua dans un pieux langage le souvenir de ceux qui y avaient trouvé une mort glorieuse. La gorge étreinte par l'émotion, il s'écria : « Et toi, Néverlée, toi que j'aimais comme un fils, toi qui es mort en héros!... »

« Mort en héros, » c'est bien l'épitaphe à graver sur la tombe de Néverlée!

*
* *

La division Berthaut avait suivi le mouvement. Sa première brigade (général Bocher) avait aidé la division de Malroy à enlever le four à chaux, où de nouveaux prisonniers avaient été faits. Quant à la deuxième brigade, elle était commandée par le colonel de Miribel et se composait des mobiles du Loiret (colonel de Monbrison), de la Seine-Inférieure (colonel de Berruyer), et de la Drôme (colonel Balette). Monbrison était, comme Néverlée et moi, officier d'ordonnance du général Ducrot. Ancien capitaine de dragons démission-

naire, il s'était distingué au combat de la Malmaison, où il avait pris, sous le feu, la direction
d'un groupe de mobiles engagés dans le parc.
Frappé de sa vaillance et de son entrain, le général Ducrot lui avait fait donner le commandement
du régiment du Loiret. « Aussi modeste que
brave, » a écrit de lui notre valeureux chef. La
brigade Miribel appuyait la division Maussion.

A droite, la division Faron prolongeait notre
ligne. Vers neuf heures, le commandant Besson
avait brillamment enlevé Champigny avec un
bataillon du 113ᵉ.

Villiers était la clé de la position. Véritable
bastion en avant du village, le parc était hérissé
de défenses de toute sorte, admirablement combinées.

Le général Ducrot lance sur le plateau les trois
batteries du commandant Grandchamp. Bientôt,
d'autres pièces et des mitrailleuses viennent
prendre part au duel d'artillerie. Mais obligées,
pour avoir des vues, de s'avancer à 5 ou 600 mètres du mur crénelé, elles sont balayées avant
d'avoir pris position.

L'arrivée du général d'Exéa sur les derrières

de Villiers pourrait seule changer la situation. Le général en chef envoie vers lui officier sur officier. On leur apprend que le feu des Allemands a empêché de jeter le pont nécessaire.

Trois fois l'élan admirable de nos troupes, enlevées par nos officiers, généraux en tête, vient se briser devant ce mur où l'artillerie n'a pas pu faire brèche. Cinq cents des nôtres sont tués et parmi eux les intrépides colonels Sanguinetti et Dupuy de Podio.

A droite, le général Berthaut cherche à tourner Villiers par le sud. Le colonel de Miribel lance en avant les 2e et 3e bataillons du Loiret. Entraînés par le brave Monbrison, ils refoulent l'ennemi, mais, fusillés de tous les côtés, ils sont obligés de s'arrêter. Le commandant Bouillé est tué. Le commandant de La Touanne est blessé grièvement. Douze autres officiers sont tombés à leurs côtés.

*
* *

Cependant on aperçoit des masses qui débouchent de la direction de Noisy-le-Grand. Serait-ce enfin d'Exéa?... L'éclaireur Franchetti Guérin est envoyé pour les reconnaître. Il est accueilli par des coups de fusil. Son cheval est tué... Mais il peut se saisir de celui du général Renault, qui vient d'être grièvement blessé. Il l'enfourche et vient annoncer que ce sont bien des Allemands qui entrent en ligne... Le général Ducrot fait coucher tout le monde : « Que personne ne tire qu'à mon commandement!... » Il est là, à cheval, immobile, ayant derrière lui trois ou quatre de ses officiers, et les éclaireurs Bégé et Léon de Bully. Nos hommes attendent, anxieux, le signal... L'ennemi avance toujours...

Quand les tirailleurs saxons ne sont plus qu'à quelques mètres : « Debout! Feu! » commande le général. Une décharge à bout portant les accueille... Ils s'arrêtent et tourbillonnent en désordre. A ce moment, le général en chef et les cinq ou six cavaliers qui l'entourent fondent sur eux au galop, en même temps que nos petits soldats s'élancent à leur suite à la baïonnette. Le général Ducrot brise son épée dans le corps d'un soldat saxon...

A cette vue, nos braves artilleurs se sont por-

tés en avant. Mais ils sont bientôt arrêtés. Les
batteries Nismes, Mathieu, Trémoulet sont dé-
semparées. Celle du capitaine de Chalain est
aussi très éprouvée. La plupart des officiers du
général Boissonnet sont morts ou hors de combat. Le général Frébault est frappé de deux
balles. Son cheval est tué sous lui. Le glorieux
général Renault, « d'arrière-garde », est blessé
à mort... Notre camarade Léo Berthier, qui est
aux côtés du général Ducrot, est désarçonné...
On le voit tournant alors en cercle pendant quelques instants en s'appuyant sur ses mains. Il a
reçu dans la joue gauche une fusée d'obus qui
s'est incrustée profondément dans l'os tempo-
ral. On l'emporte : « Vous avez bien gagné la
croix d'officier », lui dit le général en lui serrant
la main.

*
* *

Pendant ce temps, la division Faron a pris
pour objectif le plateau de Cœuilly. Trois fois
des efforts surhumains sont faits pour s'en emparer. Du fort de Nogent, le baron de Bully, pro-

priétaire de Cœuilly, pointe lui-même les pièces de marine qui tirent sur son propre château. Le lieutenant-colonel Boulanger, à la tête du 114ᵉ, se couvre de gloire. Il est bientôt blessé, ainsi que le colonel Lourde-Laplace, du 35ᵉ. Le lieutenant-colonel Prévault, du 42ᵉ, est tué. A lui seul, cet héroïque régiment laissait huit cents hommes sur le terrain! Il effectua sa retraite par échelons sous une pluie de balles. Le clairon Ranc, alternant avec le tambour Chevalier, qui n'avait cessé de battre la charge pendant le combat, sonnait « halte! » et « en retraite! » comme à l'exercice... Tous deux furent décorés le lendemain.

J'attendais à Bry avec mon détachement. Ne voyant pas apparaître le 3ᵉ corps, j'allai retrouver vers quatre heures le général Ducrot. La bataille semblait finie.

Tout à coup nous entendons vers Villiers une fusillade très nourrie :

« Qui a encore un cheval frais? demande le général.

— Moi, dis-je. Le mien a peu galopé aujourd'hui... » C'était Colonel, un pur-sang anglais qui provenait des écuries de l'Empereur. Nous nous dirigeons au plus vite vers le fameux plateau.

C'est la division de Bellemare qui entre en ligne et attaque Villiers. Les zouaves sont en tête et font bonne contenance. Il sont à cent cinquante mètres du mur crénelé. Le général Ducrot longe leur ligne de la droite à la gauche, derrière les tirailleurs... Je me place à sa hauteur du côté de l'ennemi, ainsi que nous le faisions quelquefois, quand il s'exposait par trop.

Nous étions alors les deux seuls à cheval sur cette crête, avec Beaulieu qui suivait à un certaine distance. Nous crions à ces braves soldats : « En avant ! En avant !... »

Nous avions ainsi fait deux ou trois cents mètres, quand j'entends : Clac !... et Colonel boule... Je vais sur le cou... Il se relève d'un bond violent, fait une lançade désordonnée et enfin se fixe au sol sur ses quatre membres en s'ébrouant... Mon képi était à terre. Je descends et je vois que Colonel a la tête inondée de sang. Il a reçu une balle en plein front. Je le prends par la bride et le conduis ainsi à M. Goyau, notre vétérinaire, qui me rassure sur le sort de mon beau cheval. La balle a rebondi. Il y a cependant à craindre la formation d'un abcès interne...

Un peu plus tard, je retrouvai le général Ducrot. Il m'accueillit avec effusion : «Vous ne sauriez croire, me dit-il, avec quel bonheur je vous revois : je vous ai cru tué! »

*
* *

Comme nous arrivions à Poulangis, où était le quartier général, nous aperçûmes M. Jules Favre, qui venait à nous. Le chapeau à la main, la tête renversée en arrière, il commença sa harangue : « Général, au nom du gouvernement, au nom de la population tout entière, je viens vous apporter le tribut de notre admiration profonde et de notre éternelle reconnaissance! Général, vous êtes l'idole des Parisiens! — Idole aux pieds d'argile, interrompit le général Ducrot, qui ne s'était pas arrêté. Je sais, monsieur Jules Favre, que la roche Tarpéienne est près du Capitole!... » Et, mettant pied à terre, il coupa court à ces périodes ampoulées, qui contrastaient singulièrement avec la simplicité antique de son caractère.

*
* *

Le 1ᵉʳ décembre ne fut marqué par aucun événement important. Nous fîmes avec le général,
la tournée de nos positions. Comme nous étions
arrêtés en avant du chemin de fer, pour mieux
observer l'ennemi avec nos lorgnettes, nous
entendîmes siffler quelques balles à nos oreilles...
Le petit cheval de sang que montait Louvencourt
— il se nommait Tiny — se mit tout à coup à
s'agiter étrangement. Il faisait, sur place, une
sorte de piaffer précipité... Je mis pied à terre
pour tâcher d'en découvrir la cause, et je cons-
tatai que Tiny venait d'être frappé d'un projectile
rasant le sol, qui, par un singulier effet du hasard,
lui avait enlevé une portion de la paroi interne
de chacun des pieds du bipède diagonal droit.
Une fois le premier effet de la commotion passé,
le cheval ne se ressentit pas de cette double et
bizarre blessure...

*
* *

La journée du 2 commença mal pour nos

armes. Vers six heures et demic du matin, je me tenais à la ferme du Tremblay, où j'avais passé la nuit avec mon détachement. Tout mon monde avait la bride au bras. Tout à coup, nous entendons sur toute la ligne une fusillade et une canonnade des plus violentes. Je saute à cheval et cours avec Ganay vers le quartier général... La plaine est déjà remplie de troupiers de toutes armes qui se dirigent en désordre vers les ponts.

La veille au soir, le général Ducrot, très souffrant d'une angine grave, avait dû se coucher sans dîner. « Demain, lui avait dit Sarazin, il faut absolument que vous gardiez le lit. Vous courriez les plus grands dangers en vous exposant à l'air... » Nous trouvons le général à cheval, complètement aphone et tremblant la fièvre... Il prend la route de Bry. C'est une véritable débandade. Nos avant-postes et nos premières troupes, surpris par l'attaque inopinée de l'ennemi, se sont affolés et se replient précipitamment...

A cette vue, le général se place en flèche au milieu de la route. Nous nous groupons derrière lui pour faire coin. Le flot humain est ainsi divisé en deux courants. Nous dirigeons sans violence

chacun de ces troupeaux inconscients, parallèle-
lement au front de combat... On les fait alors
arrêter, en recommandant aux hommes de bien
s'abriter... Bientôt leurs officiers accoururent et
les reportèrent en avant.

Grâce à la présence d'esprit de notre général,
nous avions ainsi fait cesser cette panique qui
menaçait de prendre d'inquiétantes proportions.

Peu de temps après, d'ailleurs, l'intrépidité des
chefs rétablissait le combat et l'ennemi était
repoussé...

*
* *

Le colonel de Grancey, qui a rallié quelques
centaines de ses mobiles de la Côte-d'Or, se met
à leur tête et se porte bravement sur la plâtrière.
Il tombe mortellement frappé. Le colonel de Vi-
gneral, avec ses Bretons, se jette sur le plateau
du Signal. En un instant, il perd six cents
hommes et trente officiers. Il est bientôt grière-
ment blessé lui-même, ainsi que les commandants Le Gonidec et Le Mintier de Saint-André.
Le brave commandant du Dezerseul, frappé à son

tour, reste néanmoins à la tête de ses mobiles et finit par garder la position du Signal.

L'artillerie, admirable comme toujours, répond avec avantage aux nombreuses pièces que les Allemands mettent en batterie. L'intrépide Grand-champ a installé sur le remblai du chemin de fer deux canons et des mitrailleuses qui sont le point de mire de l'ennemi. Mon détachement est en position d'attente au bois du Plant. J'en profite pour aller causer avec Granchamp. Il se tient avec sa lorgnette en avant des épaulements pour juger de l'effet de son tir. De notre place, en flèche sur l'énorme remblai, il me montre en riant que tous les obus allemands passent au-dessus de nos têtes...

A Bry, une attaque très vigoureuse était aussi repoussée par les brigades Daudel et Courty.

Ne voulant pas rester sur cet insuccès, les Allemands recommencèrent vers dix heures une attaque furieuse sur tous les points.

Au ravin de la Lande, le général Paturel est blessé grièvement. A Champigny, on se bat avec acharnement dans le village. La « Maison Verte » arrête les Wurtembergeois et les Poméraniens.

Puis c'est la « Maison Rouge », d'où part une fusillade meurtrière. Le brave colonel de **La Monneraye** veut l'enlever à la tête de trois compagnies de son régiment, mais il est mortellement frappé.

La division de Bellemare vient d'arriver en soutien des brigades Courty et Daudel. Notre vaillant camarade Fayet la guide sous le feu de l'ennemi, quand il reçoit dans la tête une balle qui le met hors de combat.

Sur le plateau même de Villiers, nos soldats, excités par la présence du général en chef, qui a derrière lui, avec ses officiers, Raoul Brinquant et quelques autres éclaireurs, avancent de plus en plus. Mais les munitions manquent à notre première ligne de tirailleurs. Ils sont embusqués dans un pli de terrain à très petite distance du parc. Le général Ducrot envoie chercher des cartouches dans les caissons arrêtés près de Bry. Franchetti part avec quelques hommes pour assurer l'exécution de cet ordre... En revenant vers le général, il est atteint à la cuisse d'un éclat d'obus qui lui fait une profonde blessure...

Plus tard, une troisième attaque des Allemands fut tout aussi infructueuse.

En résumé, nous avions fait des pertes cruelles et celles des Allemands étaient supérieures aux nôtres. Nous couchions sur nos positions. Mais nous n'avions pu enlever ni Villiers, ni Cœuilly, dont la seule possession eût pu déterminer en notre faveur un réel retour de la fortune.

XIII

FRANCHETTI

Quand j'évoque, après tant d'années, le souvenir charmant que m'a laissé Franchetti, comme à tous ceux qui l'ont connu, ma pensée se reporte tristement sur la recommandation que nous avait si souvent faite notre bon et dévoué Sarazin : « Si vous êtes blessé, répétait-il, demandez moi. Je vous mettrai sous la tente, dans un endroit isolé, où vous serez, pour ainsi dire, en plein air, exposé à tous les vents. Vous y souffrirez du froid et de l'absence de bien-être, mais vous guérirez. Ne vous laissez jamais transporter dans les grandes et confortables ambulances des quartiers du centre. Vous pourriez y prendre l'infection qui sévit dans les agglomérations de malades et je ne répondrais de rien... »

Hélas! pour complaire aux siens, Franchetti se laissa porter au Grand-Hôtel... On y avait

d'ailleurs les soins des plus célèbres chirurgiens.
Les plus séduisantes artistes s'étaient improvi-
sées infirmières et faisaient partout assaut de dévouement avec les plus grandes dames.

Comme le Théâtre-Français, l'Odéon avait son
ambulance où les Sœurs de charité avaient nom
Marie Laurent, Marie Colombier et Sarah Bern-
hardt. La grande tragédienne était déjà dans tout
l'éclat de sa première jeunesse, de sa beauté dé-
licate et de son incomparable talent. Le conso-
lant sourire de ces gracieuses fées a fait oublier
à plus d'un blessé la réalité de ses souffrances, et
ceux que la mort allait toucher doucement de
son aile passaient du délire à l'éternité dans un
rêve enchanté par d'enivrantes visions.

Franchetti était beau comme Adonis. Il était
grand et mince. Il avait les yeux d'un bleu gris,
avec de longs cils et des sourcils noirs. Ses che-
veux d'ébène, naturellement ondulés, faisaient
ressortir le ton mat et chaud de son teint. Il avait
le nez bien dessiné, la moustache soyeuse et des
dents qui semblaient des perles.

Engagé volontaire en 1855, au 1er chasseurs
d'Afrique, il était maréchal des logis au moment

où éclata la guerre de 1859, en Italie. Porte-fanion du maréchal Baraguey d'Hilliers, il avait été cité à l'ordre de l'armée pour sa belle conduite au combat de Melegnano. Baraguey d'Hilliers y fit preuve d'une intrépidité qui confinait à la folie en pénétrant, derrière les premiers zouaves, sur la place du Château, bordée de maisons d'où les Autrichiens faisaient un feu concentrique sur les assaillants. Il s'y tint à cheval, au beau milieu, pendant toute l'action, flanqué de Franchetti :

« Vous servez de cible ainsi, lui dit le glorieux manchot. Vous pouvez placer mon fanion au repos.

— Quand on a l'honneur de vous accompagner, monsieur le maréchal, on ne saurait porter votre fanion trop haut ! » répondit Franchetti, qui continua fièrement à le tenir bien droit sur sa botte...

L'héroïque maréchal ne fut pas blessé. Mais Franchetti eut le bras gauche fracassé par une balle... Au mois de juillet suivant, il était nommé sous-lieutenant.

Le 14 août, jour de la rentrée triomphale des troupes d'Italie, les blessés marchaient en tête, précédant même les maréchaux de France. Ce fut un spectacle admirable et unique. Une foule innombrable se pressait, par un temps magnifique, sur le parcours qu'allait suivre l'armée victorieuse. Toutes les maisons étaient pavoisées. Toutes les fenêtres étaient décorées. Quand Franchetti apparut, le bras en écharpe, encore un peu pâle des suites de sa blessure, ce fut une acclamation sans fin. Des balcons du café Anglais et de la Maison d'Or, les plus jolies femmes de Paris battaient des mains et lui lançaient des monceaux de fleurs en lui envoyant des baisers...

En Syrie, Franchetti commandait le 3ᵉ peloton, et le lieutenant Michel Ney, plus tard duc d'Elchingen, le 4ᵉ du même escadron. Xavier Feuillant était l'un des brigadiers de Franchetti, qui était adoré de tous, supérieurs, égaux et inférieurs.

*
* *

Cette adoration pour notre séduisant camarade n'avait pas été l'apanage exclusif du sexe barbu. Elle avait été partagée naturellement, et avec une intensité toute spéciale, par quelques charmantes pécheresses de plusieurs parties du monde.

C'est ainsi qu'une sémillante Espagnole l'avait suivi à travers les mers, et qu'un beau jour une blonde et gracieuse étoile, tombée du ciel parisien sous les verdoyants ombrages de Mustapha, avait été l'occasion d'un combat, singulier à tous égards, dont Franchetti fut l'un des champions.

Le colonel Brunetière, dont j'ai été le second, quand il commandait à Blida le 1ᵉʳ chasseurs d'Afrique, était alors capitaine à Alger. Aussi brillant soldat que flambant mousquetaire, Brunetière passait gaiement sa vie en incendiant des cœurs. Spirituel et galant, il exerçait largement l'hospitalité dans sa villa peuplée de gazelles, de singes, de panthères et de lions. Mais il était plus riche d'illusions que de rentes et contait volontiers l'histoire étonnante de certain colossal héritage, dont il attendit d'ailleurs la liquidation... en Espagne jusqu'à son dernier souffle.

Un soir qu'il avait commis l'imprudence d'inviter Franchetti, alors tout vibrant de jeunesse, à dîner dans son ermitage, avec la tendre pensionnaire des Variétés qu'il y cachait jalousement, l'amoureuse enfant s'éprit tellement du beau sous-lieutenant qu'au champagne elle était dans ses bras... On décrocha les épées... La belle, dégrisée, prit le seul parti recommandable en pareil cas : elle s'évanouit, tandis que se perforaient pour ses jolis yeux le capitaine et le sous-lieutenant, devant un sous-officier de leur régiment, requis au passage par ses deux supérieurs, comme témoin... collectif!

Franchetti avait été pris plus tard par le général Yusuf comme officier d'ordonnance. Puis il avait été suivre un cours à Saumur. Mais il donna sa démission en 1864, et goûtait paisiblement, depuis lors, les douces joies d'un foyer familial embelli par les grâces d'une femme captivante et aimée.

*
* *

Soudain se succèdent les tristesses de l'année terrible. Franchetti se dit que son épée peut encore être utile à son pays. Il forme un premier groupe de jeunes gens riches, élégants, braves et cavaliers comme lui, qui l'acclament pour chef.

Il le complète par des professionnels, des piqueurs, des hommes d'écurie. Il obtient de l'Impératrice de remonter cette troupe d'élite au moyen des chevaux de la vénerie impériale. Et voilà constitué l'escadron Franchetti, qui s'illustrera sur tous les champs de bataille du siège.

A peine formé, cet escadron court au-devant de l'ennemi. Le 14 septembre, ses éclaireurs ont l'honneur de croiser le sabre les premiers, au carrefour Pompadour, avec des cavaliers prussiens. Marval a son cheval tué sous lui. Kergariou est blessé... Bientôt Franchetti est placé avec son escadron sous les ordres directs du général Ducrot, et dès lors, chaque jour, un de ses pelotons est détaché au quartier général, exécute des reconnaissances et tiraille avec l'ennemi.

A chaque affaire, l'escadron Franchetti est cité à l'ordre de l'armée, et des récompenses sont attribuées aux éclaireurs qui se sont particulièrement distingués.

Le 15 octobre, Franchetti est le premier décoré et l'éclaireur Léon de Bédée est médaillé. Le maréchal des logis de Kergariou reçoit, le 25 du même mois, la croix de chevalier, en même temps qu'Edgard Rodrigues la médaille.

A la suite des batailles de la Marne, le capitaine Joly de Marval, les éclaireurs de Bully et Bégé furent décorés le 8 décembre, et le brigadier Félix Chatelain et les éclaireurs Edmond Guérin et Auguste Gaidan, médaillés le même jour.

Par une douloureuse ironie du sort, Franchetti avait écrit, le soir du 30 novembre, au général Ducrot : « Ma bonne étoile me protège toujours... car aucun de mes hommes n'a été atteint, bien que des traces de balles soient visibles sur les selles, sur les canons de fusils, et que plusieurs cavaliers aient eu leurs vêtements traversés ou leurs chevaux blessés... » Le surlendemain il était frappé mortellement et, le 5, notre infortuné camarade était mort !

*
* *

Cette nouvelle causa un vrai deuil public. Aussi l'enterrement de Franchetti prit-il les proportions d'une manifestation populaire. Il eut lieu le 7 décembre. Il faisait un temps gris et glacial. Le cortège se forma au Grand-Hôtel. Les cordons du poêle étaient tenus par le colonel Quiclet, de la garde nationale à cheval; par le vicomte Frédéric de Beaumont, officier d'ordonnance du général Trochu; par le marquis du Lau, officier d'ordonnance du général Le Flô, ministre de la guerre, et par moi, en ma qualité de commandant des éclaireurs de la deuxième armée.

Recouverte d'un large drapeau tricolore, la glorieuse dépouille suivit les boulevards pour gagner le Père-Lachaise, à travers une foule émue et recueillie. Quel contraste entre ce lugubre et silencieux parcours au milieu des larmes et la chevauchée triomphale, par les mêmes boulevards, de la journée radieuse du 14 août 1859!...

Au cimetière, la scène prit un caractère de grandeur inoubliable. Autour du cercueil de leur chef se rangèrent les officiers et les éclaireurs de l'escadron Franchetti. Tous pleuraient. On entendait le canon qui tonnait sans discontinuer. Le capitaine Benoît-Champy, la voix entrecoupée par les sanglots, dit, au nom de tous ces brillants volontaires douloureusement émus, un adieu attendri à leur valeureux commandant... Et l'oraison funèbre que prononça le grand-rabbin de France remua profondément l'assistance : « Vous tous, s'écria-t-il, qui dormez du sommeil des braves qui ne sont plus, levez-vous, soulevez les pierres de vos sépulcres et accourez rayonnants au-devant de ce jeune héros qui vient vers vous dans un linceul de gloire! »

Nous nous dispersâmes fortement impressionnés.

*
* *

On sait que notre vénéré général était un catholique ardent et convaincu. Mais ce qu'on ignore généralement, c'est combien son cœur était large et tolérant. Il y avait, parmi les officiers de son entourage immédiat, deux protestants, Bossan et Monbrison; deux israélites, Franchetti et Baulieu, et même un... libre-penseur, loyal et bienveillant, quoique un peu rude d'écorce, le brave colonel Maillard, de l'artillerie de marine, qui d'ailleurs a fini en chrétien... Et c'était le général lui-même qui les avait tous choisis de son plein gré. Il chérissait enfin, d'une égale et touchante affection, nos trois vaillants camarades qui ont payé leur héroïsme de leur vie.

Quant à nous, nous vivions tous dans la plus confiante intimité et dans l'atmosphère d'estime réciproque et tacite qui naît de l'épreuve du feu fréquemment subie côte à côte. Nous avions d'ailleurs un culte commun : l'amour du drapeau... Et nous croyions fermement que Dieu ferait miséricorde — quelle que fût leur foi — à ceux d'entre nous qui tomberaient glorieusement, comme Néverlée, Franchetti et, plus tard, Monbrison, martyrs de leur devoir...

XIV

LE BOURGET

Le 3 décembre, le général Ducrot, encore très souffrant de son angine, fit au lever du jour la reconnaissance de nos positions. Elles étaient partout dominées par celles de l'ennemi et exposées à son feu. Nos troupes, épuisées par les combats précédents, avaient une rivière à dos. Le général n'hésita pas. Il donna l'ordre de repasser la Marne, bien décidé d'ailleurs à tenter encore prochainement, sur un autre point, de rompre le cercle d'investissement.

L'opération, favorisée par une brume intense, s'effectua sans éveiller l'attention des Allemands. Notre quartier général s'installa à Vincennes.

*
* *

Le 5, un parlementaire apportait au Gouverneur une lettre du comte de Moltke. Il y était dit que l'armée de la Loire avait été battue et Orléans réoccupé par les troupes allemandes. Le général de Moltke proposait, en outre, de faire vérifier cette nouvelle par un officier français...

Pour tout esprit clairvoyant, c'était, de la part de l'ennemi, un indice certain de son désir d'en finir. Jamais, d'ailleurs, nous ne nous trouverions dans des conditions meilleures pour traiter de la paix : nous avions livré sous Paris deux batailles très meurtrières, les Allemands nous savaient prêts à reprendre la lutte et nous avions des vivres pour plus d'un grand mois... L'occasion était unique.

Ainsi en jugea le général Ducrot. Mais tout le gouvernement, sauf Jules Favre cependant, estima, au contraire, qu'il fallait éviter tout acte ressemblant à une entrée en négociations. C'était décider qu'on attendrait, pour traiter, le jour où il nous faudrait nous rendre à merci!

Le dimanche 11, nous assistâmes à la messe avec notre général. Il faisait très froid, mais le ciel était clair et le soleil brillait à travers les vitraux... Cette musique douce, ce calme dans la paix du sanctuaire, après les émotions violentes des dernières journées, tout contribuait à élever l'âme et portait au recueillement...

La veille, nous avions vu, au quartier général, quatre officiers de l'armée de la Loire faits prisonniers à Patay, que les Allemands avaient échangés contre un nombre égal des leurs pris dans les batailles de la Marne. Ils nous donnèrent quelques renseignements sur l'esprit et la composition des corps dans lesquels ils servaient. Mais ils étaient peu documentés. Ils confirmèrent seulement la reprise d'Orléans par l'ennemi.

*
* *

Un matin, Benoît-Champy entre chez moi en trombe :

« Mon commandant, l'escadron est en révolution !

— Ah! bah! Et pourquoi!

— On a découvert que M. de La B..., un de nos officiers, a subi une condamnation pour je ne sais quel méfait... Il aurait été en villégiature à Poissy!

— Allez me le chercher, dis-je au capitaine. Je vais le mener chez le général Ducrot. »

Un quart d'heure après, j'entrais chez le général avec le sous-lieutenant de La B..., qui s'était déjà, d'ailleurs, plusieurs fois affirmé comme un brave soldat : « Il n'est que trop vrai, mon général, s'écria-t-il, que j'ai eu jadis un moment de fol égarement. J'ai commis un acte qui a déshonoré ma famille, vieille de plusieurs siècles, et empoisonne ma vie!... En reprenant du service, je n'ai eu d'autre but que de me faire tuer honorablement pour me réhabiliter. Je mourrai joyeux si mon sang efface la tache que j'ai faite à mon blason!... » Cette confession nous avait remués... Le général dit à M. de La B... : « Vous ne pouvez rester plus longtemps à l'escadron Franchetti. Vous allez me remettre votre démission. Vous reprendrez l'uniforme de simple chasseur d'Afrique que vous avez déjà porté. Vous suivrez toujours, quand on prendra les armes, le commandant Faverot, et vous vous arrangerez pour vous tenir nuit et jour à sa portée, quelle que soit l'heure. Si j'ai jamais besoin, pour une mission spéciale, d'un homme marchant à la mort comme à une délivrance, je vous appellerai. Si vous n'êtes pas tué, je vous rendrai l'honneur en vous faisant décorer.

— Oh! mon général, s'écria, les larmes aux yeux, M. de La B..., l'éternité ne me suffira pas pour m'acquitter envers vous! »

L'occasion tant désirée s'étant présentée un mois plus tard, M. de La B... négligea sans doute d'en saisir « l'unique cheveu », car il ne fut ni tué... ni décoré...

*
* *

.. Pendant notre séjour à Vincennes, les généraux Trochu et Ducrot mangèrent à la même table avec leurs états-majors particuliers.

Un matin que nous étions ainsi tous ensemble à déjeuner, quelqu'un parla du nouveau Roi d'Espagne : « Que dites-vous? s'écria le gouverneur. L'Espagne a donc un roi? — Mais oui, répondit le commandant Bibesco, depuis assez longtemps, le duc d'Aoste. — Ma foi, je l'ignorais complètement, » ne put s'empêcher d'ajouter le général Trochu...

Ainsi, au milieu de décembre, le président du gouvernement de la Défense Nationale, le chef de l'État français, par conséquent, ne s'était pas inquiété de la terminaison de l'incident diplomatique qui avait déchaîné la guerre entre son pays et la Prusse, et aucun membre du gouvernement, pas plus Jules Favre, ministre des affaires étrangères, qu'un autre, n'avait jamais eu la pensée de s'en entretenir en séance avec ses collègues !...

C'est tellement inouï que j'hésiterais à l'écrire, si je n'avais pas sous les yeux les notes où j'ai moi-même consigné, à cette époque, les propres paroles échangées, en ma présence, sur ce sujet, entre le général Trochu et le prince Bibesco...

*
* *

Le 17, nous quittions Vincennes pour venir nous établir à Paris. La raison de ce déplacement était assez bizarre. Les Allemands ayant dit que le général Trochu et le général Ducrot « n'osaient » pas rentrer dans Paris, où ils seraient écharpés par la population, ou voulut leur prouver le contraire.

Pendant notre court séjour *intra muros*, nous dînâmes habituellement chez Bignon, le colonel Maillard, Hutton, Bossan, Chabannes, Coriolis, Louvencourt, Sarazin et moi. Nous y riions pour chasser un moment nos sombres pensées...

Le 20, j'apprends que, sur la demande du colonel Quiclet, un peloton de la garde nationale à cheval sera placé sous mes ordres et adjoint à mon détachement pour l'affaire du lendemain. Ce peloton était presque entièrement composé de membres du cercle de la rue Royale. Il était commandé par le lieutenant de Gerson, et comprenait, entre autres, Viel-Castel, de L'Aigle, Brinquant, Monclin, Jacques Stern, etc. On les installa — fort mal naturellement — avec tout mon monde, à Noisy-le-Sec.

Le général Ducrot était allé avec nous, dans la journée, saluer l'amiral Saisset, dont le quartier général était au fort de Noisy. Il nous invita à dîner. Nous pensions faire un repas aussi modeste que ceux de notre popote...

Nous fûmes reçus princièrement. Nous trouvâmes une immense table très bien décorée, avec l'argenterie et la vaisselle de bord de l'amiral. Les maîtres d'hôtel étaient des marins très bien ficelés et très stylés. Le menu était excellent, les vins parfaits : « Mon Dieu, nous dit l'amiral, quand on m'a confié la défense de mes trois forts, je me suis organisé et approvisionné de tout, comme si je m'embarquais pour une croisière de six mois. » Le fait est que les marins ont été admirables pendant le siège de Paris, aussi bien au feu qu'au point de vue de leur discipline, de leur esprit et de leur tenue.

Nous rentrâmes, Ganay et moi, nous coucher dans la même chambre d'une maison dévastée.

*
* *

L'opération qu'on allait tenter consistait à chercher à percer vers le nord. Il s'agissait d'enlever d'abord le Bourget, puis, en y appuyant notre gauche, de nous emparer d'Aulnay-lès-Bondy qui nous servirait ensuite, à son tour, de pivot pour faire, avec notre aile gauche, un nouveau pas en avant. Et ainsi de suite.

Le 21, dès que le brouillard fut dissipé, une canonnade violente couvrit d'obus le Bourget. Puis l'amiral de La Roncière lança ses troupes à l'attaque... La colonne du capitaine de frégate Lamothe-Tenet franchit la Mollette, contourne rapidement le village et l'aborde par le nord. Une fusillade terrible accueille les braves marins. Le lieutenant de vaisseau Boisset est frappé à mort. Le commandant Lamothe-Tenet se jette sur la barricade et s'en empare ainsi que de toute la partie nord-ouest du Bourget, dont il lui faut enlever les maisons une à une...

Le général Lavoignet, pendant ce temps, cherche à attaquer le village par le sud, mais sa colonne est arrêtée net. Les balles ennemies rendent infranchissable la zone sans aucun abri qu'il lui faudrait traverser. Le lieutenant de vaisseau Peltereau se couvre de gloire en cherchant à donner la main au général Lavoignet. Mais, séparé de tous, il succombe avec sa poignée de braves.

Des renforts considérables arrivaient sans cesse aux Allemands, et bientôt, écrasé par le nombre, le commandant Lamothe-Tenet dut évacuer le

Bourget. Sa brigade avait perdu 635 hommes !
83 de ces derniers avaient été pris les armes à la
main, dans les maisons où ils résistaient avec
l'acharnement du désespoir...

Le général Ducrot attendait l'issue de ce combat meurtrier pour dessiner son mouvement en
avant. J'avais eu de la peine à traverser avec
mon détachement les ponts du canal de l'Ourcq,
où passaient d'autres troupes. Je rejoignis néanmoins le général près de Drancy, vers huit
heures. J'avais avec moi un peloton de l'escadron
Franchetti : « Envoyez ce peloton reconnaître
les abords du chemin de fer et de la ferme de
Nonneville, me dit-il.

— Je tiens à le diriger moi-même, » répondis-je,
et je partis avec mes braves éclaireurs. En marchant, je leur prescrivis de bien s'éparpiller au
commandement et de se rallier ensuite rapidement en arrière de la ferme du Groslay.

J'avais avec moi le capitaine de Marval,

brigadier trompette et le garde national Lehmann, qui m'avait demandé à m'accompagner.

La dispersion se fit très bien et très crâne-ment... J'étais avec mes trois acolytes au centre du terrain exploré :

« Voyez donc ces casques, mon commandant, » me dit tout à coup Marval, et il me montrait à deux ou trois cents mètres autour de nous, à fleur de sol, une sorte de long demi-cercle tout hérissé de gros points noirs... Je prends ma lorgnette et crois voir que ce sont des têtes de petits arbres émondés qui ont poussé dans le lit encaissé d'un ruisseau... J'ai su depuis qu'il s'y trouvait aussi des Prussiens embusqués qui tirèrent sur quel-ques-uns de mes hommes dès qu'ils furent dépas-sés. Je suis des yeux mes éclaireurs, qui sont salués par des coups de feu près du chemin de fer... Ils vont entrer dans Nonneville quand une fusillade très nourrie les en éloigne.

Malgré mes ordres, tout mon monde se rallie sur moi. Je crie : « Derrière le Groslay. Mes-sieurs, derrière la ferme ! » Je n'avais pas fini ces mots que plusieurs obus, heureusement mal diri-gés, tombent autour de nous. Je fais aussitôt filer

mes hommes au trot pour déblayer le terrain...
Je les rejoignis bientôt pour les complimenter de
leur entrain et leur faire mes observations.

J'allai aussitôt après rendre compte au général
Ducrot, qui avait suivi de loin, comme toute l'armée l'avait pu faire, cette petite opération. On
venait d'occuper fortement Drancy, que les Prussiens canonnaient ferme. Dès le matin, le Groslay avait été brillamment enlevé par les francs-
tireurs de la division de Bellemare. Je laissai
Ganay avec tout mon détachement en arrière de
Drancy et je me joignis au général, emmenant
avec moi Monclin, Brinquant et Bernheim.

Vers midi, le général Ducrot se préparait à pro-
noncer son attaque vers Aulnay-lès-Bondy, quand
il fut arrêté par un télégramme impératif du gouverneur.

La fin de la journée se passa en duels d'artillerie.

A trois heures et demie, l'ordre de la retraite
fut donné aux batteries de la division de Belle-

mare, qui étaient les plus avancées. Ivan de Wœstyne commandait une de ces batteries. Je l'avais vu à Metz, correspondant du *Figaro*. Je le retrouvais à Paris, où il avait repris du service.

Deux fois il avait été invité à se replier et n'en avait rien fait. Trois de ses pièces étaient démontées et quarante de ses hommes, sur cent dix, étaient hors de combat.

Le général Ducrot s'approcha de cette batterie. Wœstyne était à pied, la tête enfoncée dans le capuchon de son caban et la canne à la main : « Qu'attendez-vous donc pour vous retirer, capitaine ? lui dit le général.

— La nuit, répondit-il.

— Et pourquoi ?

— Parce que, si nous nous en allons de jour, les Prussiens nous verront et nous tireront dans le dos, que je n'aime pas à leur montrer. — Allons, répliqua le général, faites amener vos avant-trains... Dites à vos hommes que ce sont de braves gens et vous, donnez-moi la main. »

Les Allemands tentèrent de nous déborder par notre droite. Mais ils furent repoussés par le commandant Buriel, à la tête de quelques compagnies du Morbihan, et par le 136ᵉ, commandé par le colonel Colonieu.

Je reçus bientôt l'ordre de faire rentrer dans Paris mon peloton de gardes nationaux à cheval et de coucher à Aubervilliers avec mon détachement.

Le soir, je dînai au fort avec le général Ducrot et le gouverneur. En m'apercevant, le premier dit au général Trochu : « As-tu vu ses éclaireurs au feu ce matin? Ils ont été bien brillants. C'est décidément une troupe d'élite. »

Je chargeai le lendemain Benoît-Champy de rapporter cette parole à l'escadron Franchetti.

Benoît-Champy, qui en avait reçu le commandement au point de vue administratif, avait un esprit fin et très parisien, qui habitait dans un corps énorme. Il prétendait peser trois cents livres, ce qui ne l'empêchait pas d'être très actif et très dévoué à son devoir. Grand chasseur et fort riche, il montait des cobs de très forte charpente, qui le portaient partout, au pas ou au trot. Mais il me disait : « Si je ne mettais pas pied à terre dès que je suis arrêté, mes chevaux n'en pourraient plus... C'est égal, mon plus grand tour de force, en ce bas monde, sera d'avoir été, avec mes cent cinquante kilos, capitaine de cavalerie légère et... apprécié par vous, mon commandant!... » Je ne l'ai jamais avoué au général de Galliffet..., admirateur modéré des poids lourds...

XV

LE BOMBARDEMENT

Le soir du 21 décembre, la température s'abaissa subitement. Le thermomètre descendit à 8° et le lendemain à 14 au dessous de zéro. Il fut encore sensiblement plus bas les jours suivants.

On occupa solidement le Groslay, Drancy et Bondy. Ces villages furent reliés par des tranchées et l'on entreprit un travail de taupes vers le Bourget, que le gouverneur espérait enlever dans un assaut, quand on s'en serait approché suffisamment par un réseau de parallèles. Mais la terre étant partout dure comme un roc, les outils souvent étaient impuissants à la pénétrer. Chaque nuit, on comptait par centaines les cas de congélation.

Le jour, nos braves petits soldats de la ligne et de la mobile travaillaient quand même, dans la brume, sous un ciel gris et terne, le visage fouetté par une bise glaciale, les doigts gelés : c'était Moscou aux portes de Paris, a dit un membre du gouvernement. Et pendant ce temps les clubs et les journaux criaient à la trahison!...

*
* *

Le 25, jour de Noël, les troupes prirent les armes de très grand matin. On redoutait une attaque générale de l'ennemi. Enveloppé dans mon manteau, j'avais à mon côté Ganay et derrière moi deux ou trois de mes éclaireurs. Je me disposais à suivre la grande route de Lille pour gagner le fort d'Aubervilliers. Elle était bordée d'infanterie de ligne, de mobiles et d'artillerie. Il faisait encore presque nuit. Dès qu'apparut notre groupe à cheval, j'imagine qu'on nous prit pour un général avec son escorte, car il s'éleva sur notre passage une sorte de grondement, où l'on distinguait très bien les mots : La paix! la paix! dits à demi-voix. Nous les entendîmes sur tout notre parcours. C'était un symptôme grave.

J'en rendis compte aussitôt au général Ducrot.

Il m'envoya chez le gouverneur, que mon récit bouleversa. Il paraissait très abattu : « Oui, me dit-il, c'est fini... ces pauvres soldats, ils n'en veulent plus ! — Ne trouvez-vous pas, mon général, osai-je lui répondre, qu'il est criminel, dans ces conditions, d'encourager dans la population parisienne les folles espérances de délivrance prochaine que le gouvernement y entretient sans y croire?... »

Il y eut un silence. Je saluai et je sortis.

* * *

La vie dans les tranchées était assez curieuse. On les avait faites larges et profondes. En raison du froid excessif, les hommes les avaient recouvertes de planches, de portes vitrées et de volets pleins, pris dans les maisons dévastées du voisinage. On y avait placé, de distance en distance, des poêles dont les tuyaux perçaient cette bizarre toiture. Sur certains points, on était très rapproché des avant-lignes ennemies. Aussi était-on astreint à une grande prudence quand on ne voulait pas s'exposer sans nécessité.

Un jour que nous parcourions nos avant-postes avec le général Ducrot, je rencontrai Arthur O'Connor, capitaine de mobiles, qu'on venait de relever avec son bataillon. Comme nous échangions nos impressions, il me dit :

« Mon voisin de droite a montré hier son buste au-dessus de la tranchée : il a reçu une balle dans l'épaule. Celui de gauche a voulu regarder je ne sais quoi : il a été tué raide... Eh bien, savez-vous ce qui m'a été le plus dur? C'est d'être resté dans ce boyau trois jours consécutifs sans avoir eu une seule goutte d'eau pour me laver quoi que ce soit!... »

*
* *

Cependant, depuis une ou deux semaines, on voyait l'ennemi travailler à de nombreuses batteries sur les hauteurs du Raincy, de Gagny, de Noisy-le-Grand... Le 27, à sept heures et demie du matin, il ouvrit le feu sur le plateau d'Avron et les forts de Rosny, de Noisy et de Nogent. Le plateau d'Avron était son objectif principal. Il fut bientôt couvert d'obus, qui produisirent tout d'abord une sorte de panique chez certaines des troupes qui l'occupaient ; mais presque aussitôt, à la voix de leurs officiers, elles reprirent leur sang-froid et furent dès lors admirables. On les vit tout le jour, prêtes à repousser une attaque, rester immobiles dans les tranchées, sous un déluge de projectiles, sans pouvoir, par cette température sibérienne, allumer aucun feu...

L'artillerie du colonel Stoffel répond de son mieux au tir des Allemands, mais elle a contre elle la supériorité du nombre et du calibre des pièces ennemies. La terre est entièrement gelée. On ne peut réparer la nuit les épaulements. L'amiral Saisset s'emploie sans cesse à combler les vides et à renforcer la défense du plateau... Le général Ducrot met spontanément son 2e corps aux ordres du général Vinoy, pour parer à toute éventualité...

Le lendemain, à midi, le gouverneur vient lui-même juger de la situation devenue critique. Sous une pluie de fer et de feu, il parcourt les tranchées et contourne lentement, à cheval, avec son état-major, ce plateau balayé en tous sens par les éclats de fonte, de pierre et de terre gelée que soulèvent les obus. Convaincu de l'impossibilité d'une résistance plus longue, il ordonne l'évacuation.

A la nuit, cette opération fut effectuée très heureusement, malgré les difficultés surhumaines qu'elle présentait, en raison de l'intensité du froid, des pièces de gros calibre qu'il fallait enlever et faire passer par des routes défoncées et couvertes de glace... Quelques munitions tombèrent aux mains de l'ennemi.

*
* *

Les trois forts de l'est étaient en même temps bombardés. Celui de Rosny, où se tenait le général Vinoy, semblait être particulièrement visé. Il y tombait de sept à huit projectiles par minute. Nous y allâmes avec le général Ducrot, dans la journée du 29.

En raison de la grande distance à laquelle se trouvaient les batteries allemandes, quand une de leurs pièces tirait, on voyait d'abord l'éclair du coup de canon. Puis, quelques secondes après, on commençait à percevoir le bruit de l'obus fouettant l'air. On avait encore, à ce moment, un temps très suffisant pour se mettre à l'abri avant l'éclatement. Quant au bruit ou sifflement, il allait naturellement toujours en augmentant, jusqu'à l'instant de la détonation finale.

Nous entrâmes dans une casemate où les deux généraux conférèrent un moment. Quand nous en sortîmes, le général Vinoy s'arrêta sur le seuil. Un obus éclatait à l'intérieur du fort, dans un des angles : « Ils tombent tous à cette même place, dans un rayon d'une vingtaine de mètres, » fit remarquer un officier de marine...

Le général Ducrot fut étonné que le général Vinoy n'eût pas jugé à propos de dépasser la porte de sa casemate, pour le reconduire :

« Messieurs, nous dit-il, puisque nous voilà seuls, prenons nos précautions avant de nous remettre en selle !... »

Et le voilà qui s'installe, face au parapet, précisément au lieu « d'élection » des obus...

Naturellement, nous fîmes comme notre général, et quelques secondes plus tard, nous étions tous alignés en rang d'oignons, à ses côtés...

Quand nous fûmes remontés à cheval, l'un de nous dit à son voisin en baissant la voix :

« Est-ce que la perspective de recevoir dans le dos un de ces obus ne vous a pas...?

— Parfaitement, » répondîmes-nous en chœur, et nous convînmes en riant qu'il nous faudrait bientôt solliciter de notre vaillant général la faveur d'un nouvel arrêt de quelques instants...

*
* *

Le 30, nous nous rendîmes au fort de Noisy, pour voir l'amiral Saisset. Il y avait alors dans ce fort un belvédère très élevé qui consistait en une boîte carrée faite de planches, et perchée au haut d'une sorte de tige constituée par des madriers verticaux. On y accédait au moyen d'une longue échelle. Deux ou trois hommes pouvaient s'y tenir, et de là, au moyen d'une bonne lunette de marine, le regard embrassait toutes les batteries adverses. Il va sans dire que les Allemands cherchaient à détruire cet observatoire qui les gênait. Aussi, pendant que nous y montions, un ou deux projectiles rasèrent-ils la fameuse échelle. Elle fut, en effet, démolie ainsi quelques jours plus tard.

Le 31, après la rentrée du général Vinoy dans Paris, à son quartier général, un obus défonça la voûte d'une casemate du fort de Rosny, y tua quatre hommes et en blessa grièvement plusieurs. Grand émoi. Les parapets et les maçonneries étaient déjà fort entamés... Le commandant adressa à l'amiral Saisset une dépêche où il rendait compte de l'événement. Il parlait de la gravité de la situation et terminait par cette interrogation ambiguë : « Que faut-il faire ? — Enterrer les morts dans les fossés, » répondit laconiquement l'intrépide amiral. Cette réponse à la Spartiate fut le *sursum corda* qui retrempa les courages, et chacun ne pensa plus qu'à tenir quand même.

*
* *

Le général Ducrot avait établi son quartier général aux Lilas. Mon détachement s'installa rue de la Villette, au Pré Saint-Gervais.

Notre dîner du 1er janvier 1871 fut triste. Chacun pensait aux absents et comparait les douleurs et les tristesses du présent aux joies et aux grandeurs du passé...

Le 2, je reçus l'ordre de me mettre avec tout mon monde à la disposition du lieutenant-colonel Lespiau, commandant le 112ᵉ de ligne, pour combiner avec lui, les éclaireurs Poulizac et les zouaves de Luxer, une petite opération sur le chemin de fer de Soissons, en avant du Groslay.

J'allai en causer avec le commandant Poulizac. Il était installé au centre de son bataillon, à la Folie, maison de Mlle Rigolboche. Je l'y trouvai avec ses officiers et l'abbé Testori, leur aumônier. M. de Kergalec, l'un de ses capitaines, avait avec lui sa femme. C'était une fort belle personne grande, bien faite, dont le joli visage était encadré par une opulente chevelure assez désordonnée, ce qui lui donnait un type particulier. Marchant toujours avec le bataillon de Poulizac, elle le suivait au feu et y montrait, nous dit-on, beaucoup de crânerie.

Nous étions venus dans des voitures. En approchant du Groslay, nous dûmes mettre pied à terre parce qu'on nous canonnait. Nos véhicules allèrent chercher un abri dans des batteries de

position récemment construites et non encore
armées. Après avoir dépassé le village, nous nous
avançâmes sur la route, pour reconnaître de près,
s'il était possible, le terrain où devait avoir lieu
l'opération. Dès que les vedettes ennemies nous
aperçurent, elles nous prirent pour cibles et nous
canardèrent. Mme de Kergalec était avec nous.
Tout à coup, Poulizac s'écria : « Voyez-vous ce
trou dans sa jupe? C'est une balle qui vient de le
faire... Cette femme, me dit-il à l'oreille, a l'hys-
térie de la guerre!... »

En effet, il y avait bien dans le bas de sa robe
une petite déchirure circulaire qui semblait faite
par un projectile.

*
* *

Le lendemain 3, le commandant Poulizac
enleva très brillamment les maisons du chemin de
fer, pendant que les zouaves de Luxer cherchaient
à les tourner par la droite. Il y eut plusieurs
blessés et l'on fit six prisonniers. Mme de Kergalec n'avait pas quitté ses braves éclaireurs. Elle

prodiguait maintenant ses soins aux éclopés. Poulizac vint à moi :

« Avez-vous vu sa jupe? — Non. — Elle vient d'être trouée par une balle. — Où? — Là... en bas. »

Je regardai par curiosité. Je vis bien un trou, mais pas deux, et cet unique orifice me parut ressembler terriblement à celui qu'on m'avait déjà montré la veille... Après tout, me dis-je, le hasard est si grand...

Poulizac était un ancien officier démissionnaire. Il était très vaillant soldat, et son bataillon s'était acquis une réputation méritée de bravoure et de solidité. Il a fini d'une façon tragique. Voici ce que me raconta jadis mon tailleur, M. J. H..., qui, après fortune faite, s'est établi plus tard boulevard des Italiens.

C'était pendant la Commune. L'armée de Versailles refoulait devant elle les insurgés. M. J. H..., qui demeurait alors rue Gaillon, était à sa fenêtre. Il vit, à un moment donné, le commandant Poulizac, qu'il connaissait parce qu'il était son client, s'avancer seul vers une troupe et parlementer avec elle... Tout à coup, un sous-officier, sortant du rang, le visa par derrière et le tua raide d'une balle dans la tête.

J'ai eu plus tard l'explication de ce dramatique incident. Au moment de la Commune, Poulizac était venu s'installer à Versailles, mais son ancien bataillon avait fait cause commune avec les insurgés. Il avait plusieurs fois manifesté le désir de se rendre à Paris, pour tâcher de ramener ses hommes dans la voie du devoir, en parlementant avec eux. Il croyait avoir conservé sur eux tous assez d'influence morale pour être sûr de réussir dans cette tentative.

Le gouvernement avait longtemps hésité à lui donner cette autorisation. Il finit cependant par y consentir, et c'est ainsi que mon tailleur, M. J. H..., put voir le commandant Poulizac s'aboucher avec un groupe de combattants et recevoir presque à bout portant un coup de feu qui le tua net.

C'est donc bien en cherchant à arracher à la Commune ses volontaires du siège, maintenant égarés, que Poulizac a trouvé la mort... Le surlendemain il était enterré à Versailles avec les honneurs militaires. Le ministre de la guerre se

fit représenter aux obsèques de cet ancien officier dont la carrière avait été brisée pour de
graves motifs, mais qui avait su racheter les
fautes de son passé par sa vaillance devant l'ennemi.

*
* *

Le 6, jour des Rois, nous ne les tirons pas à
table, mais le général prend la parole à la fin du
repas et nous intéresse vivement. Il nous raconte
que M. Thiers, lors de son voyage à Paris, était
d'avis de céder l'Alsace et de payer deux milliards
pour en finir, attendu, disait-il, que « toute chance
de succès devait être écartée... — C'est bien mon
opinion, répondit le général. Les armées de province ne pourront pas arriver jusqu'à nous et
nous sommes incapables de nous débloquer nous-
mêmes. Mais, avec le nombre de soldats que nous
avons ici sous les armes, avec les vivres et les
approvisionnements que nous possédons encore,
l'honneur militaire demande un effort de plus. Il
faut que nous fassions d'abord, avec toutes nos
forces, avec toute notre énergie, une tentative

suprême. Alors on pourra songer à traiter, mais
pas avant. — Vous, général, répliqua M. Thiers,
vous parlez comme un soldat et je vous admire.
Vous êtes dans votre rôle. Mais vous, M. Jules
Favre, s'écria-t-il en se tournant vers lui, vous
n'êtes pas tenu aux mêmes scrupules. Vous ne
devez avoir en vue que le bien du pays. Eh bien !
je vous adjure de m'écouter. Chaque jour qui va
s'écouler ajoutera une ruine à celles qui nous
écrasent déjà. Rappelez-vous mes paroles : plus
tard vous devrez céder la Lorraine en plus de
l'Alsace et payer six milliards au lieu de deux ! »
Mais M. Thiers ne réussit pas à convaincre son
interlocuteur. Cette entrevue avait eu lieu dans
la chambre du général, chez Gillet. Jules Favre
et Ernest Picard s'y étaient rencontrés seuls avec
M. Thiers.

« Depuis lors, nous dit le général, des efforts
considérables, et qui n'ont pas été sans gloire,
ont été faits aussi bien en province qu'à Paris.
Aujourd'hui l'honneur militaire est sauf. Il l'a été
au lendemain des combats auxquels je fais allu-
sion. Il y a de plus une éventualité terrible qu'il
faut avoir sans cesse devant les yeux. C'est la

honte d'une capitulation qu'on doit, avant tout, éviter à la capitale de la France. Aussi, quand de Moltke s'est mis, le 5 décembre, en rapport avec le général Trochu, j'ai considéré ce fait comme une fortune inespérée qui nous tombait du ciel. Et j'ai supplié le gouverneur d'en profiter avec empressement pour « entrer en conversation » avec l'ennemi, ce qui ouvrait éventuellement la porte à des négociations ultérieures. La vanité de l'homme l'a emporté et il n'a voulu voir dans cette démarche qu'une sorte d'impertinente raillerie à laquelle il fallait riposter sur le même ton. J'en ai gémi. J'aurais répondu : la reprise d'Orléans est un fait sur lequel j'ai toujours compté comme une éventualité à peu près inévitable. Elle ne change donc rien aux conditions de l'ensemble de la résistance. Mais je serais très reconnaissant à Votre Excellence de vouloir bien me faire connaître « les raisons pour lesquelles elle m'a fait l'honneur de m'adresser cette communication... », etc...

En tenant un autre langage, on a menti aux Parisiens. On leur a fait croire à la certitude d'un dénouement que le gouvernement sait être impossible à espérer, à moins d'un miracle. Dès lors le peuple se figure que, si les événements tournent autrement qu'on le lui a annoncé, c'est que l'armée et les généraux ne font pas leur devoir. Le réveil de tous ces braves gens sera terrible le jour où ils comprendront, hélas! qu'on les a trompés, qu'ils doivent perdre leurs illusions en présence de l'effroyable réalité. Il pourra se produire alors de grands malheurs amenés par leur juste indignation. »

Ces paroles étaient prophétiques. Avec son admirable bon sens, le général entrevoyait déjà la Commune comme une conséquence naturelle de l'aveuglement de nos gouvernants.

*
* *

Pendant ce temps, le colonel Reille, avec sa brigade de mobiles, se couvrait de gloire à Bondy. Cette troupe y était exposée, chaque jour, à une pluie de projectiles et, chaque nuit, les Allemands venaient jusqu'aux tranchées pour essayer, toujours sans succès, d'en chasser leurs valeureux défenseurs.

Bientôt, près de deux cents nouvelles pièces ennemies ouvrirent le feu sur le front sud. Dès le 5, de nombreux obus tombèrent dans les quartiers de la rive gauche. C'était le bombardement de Paris qui commençait. Le 13, on comptait déjà 39 enfants, 57 femmes et 93 civils tués ou blessés... Nos marins chargés de la défense des forts faisaient l'admiration de tous... Des sorties partielles, d'audacieux coups de main portaient chaque nuit le trouble dans quelque batterie ennemie.

Mais, en réalité, le bombardement n'ébranla nullement le moral de Paris. Il n'avança pas d'un jour l'heure de la capitulation et les Allemands n'osèrent pas tenter une attaque de vive force pour brusquer le dénouement, ce qui eût été leur justification. Or, « en guerre, a dit Napoléon, tout mal, fût-il dans les règles, n'est excusable qu'autant qu'il est absolument nécessaire. Tout ce qui est au delà est un crime. »

XVI

BUZENVAL

Chaque nuit des reconnaissances étaient envoyées de divers côtés. Tantôt, c'est le capitaine de Luxer, avec ses zouaves, qui ramène six prisonniers. Tantôt, c'est le commandant Poulizac qui attaque, à plusieurs reprises, la ferme de Nonneville. Dans l'un de ces combats, le jeune sous-lieutenant Nacra, du 122ᵉ, se trouve, avec sa section, coupé de sa compagnie. Déjà il a perdu dix hommes tués à bout portant. Le sergent Moccaud et le caporal Lemoine sont grièvement blessés.... Nacra tient quand même, repousse tous les assauts et ramène le lendemain sa section à son cantonnement.

Sur tous les points, l'ennemi est tenu en éveil par nos coups de main.

* *
*

Cependant, des bataillons de gardes nationaux mobilisés avaient été, sur leur demande, mis à la disposition des généraux commandant les troupes en dehors de l'enceinte. Ces bataillons avaient pris sur plusieurs points le service des avant-postes. Mais il faut reconnaître que, généralement, ils furent plutôt une gêne qu'un soulagement pour les régiments qu'ils relevaient. Ils donnaient quelquefois l'alarme sans motifs bien réels. Il s'ensuivait des alertes nocturnes, très fatigantes pour tout le monde, et rarement justifiées.

Un de ces bataillons avait pris la garde un soir, en avant de Bondy, aux tranchées que défendait, sans défaillance, depuis plusieurs semaines, la valeureuse brigade de mobiles Reille. Ainsi qu'il arrivait constamment, il fut attaqué pendant la nuit. Il abandonna les tranchées et il fallut l'intervention vigoureuse des mobiles pour refouler l'ennemi. Le lendemain matin, il faisait un brouillard assez épais. De vagues renseignements, parvenus au général Ducrot, lui firent craindre une attaque de vive force des Allemands sur les forts de l'est. Il m'envoya chercher et m'ordonna de partir avec quelques-uns de mes éclaireurs pour savoir si, en effet, comme on le disait, l'ennemi, en masses profondes, s'avançait dans la plaine. Je sautai à cheval et me mis aussitôt en route avec un demi-peloton.

En arrivant à la tranchée, qu'occupait de nouveau le bataillon de la garde nationale, je crus prudent de recommander à ces guerriers improvisés de bien nous regarder et de ne pas nous canarder au retour, ce qui arrivait quelquefois :

« Ils sont venus cette nuit, mon commandant, me dit un officier. Ah! ils ont été bien reçus ! — Je sais, je sais.... répondis-je en m'éloignant.... Je suis au courant.... »

Nous battîmes d'ailleurs le terrain jusqu'aux avant-postes ennemis, sans rien rencontrer d'anormal.

Le 16, un duel d'artillerie particulièrement violent eut lieu entre les batteries allemandes de Châtillon, de Fontenay et de l'Hay, et les forts de Montrouge, de Vanves et d'Issy. Dans cette affaire, le capitaine de vaisseau Kirel fut frappé à mort, le lieutenant de vaisseau Santelli blessé et son camarade Saisset, fils du vice-amiral, fut tué raide, à neuf heures du soir, par un boulet. Tout le monde s'associa au deuil du glorieux marin dont l'intrépide ténacité faisait l'admiration générale.

*
* *

La population parisienne était tellement égarée et surchauffée par l'optimisme officiel, qu'elle appelait de tous ses vœux un immense effort qui serait fait surtout par les bataillons mobilisés de la garde nationale. Elle demandait à cor et à cri « la sortie torrentielle... » Il faut avoir entendu les inepties que débitaient des gens absolument sensés quand il s'agissait d'autres sujets, dès qu'on leur parlait de choses militaires : « Vos généraux sont des poules mouillées, disait à l'un de nous un de ses cousins, chaque fois qu'il le voyait.... Qu'on nous fasse donc marcher, nous autres, gardes nationaux, et l'on verra!!... » Je ne révélerai pas, d'ailleurs, dans quelle posture peu martiale ce matamore fut trouvé précisément par notre même camarade, le 19 janvier...., ce qui nous amusa beaucoup, après ses hâbleries coutumières....

D'un autre côté, à la suite de bien des hésitations, le Gouvernement venait de se décider à ne pas se faire représenter à la conférence de Londres. C'était renoncer follement à voir la France reprendre sa place dans un congrès diplomatique où de graves questions, touchant à l'équilibre européen, allaient être discutées...

On préféra céder une fois de plus aux injonctions violentes et irréfléchies de l'opinion affolée, et le gouvernement décréta la sortie suprême...

*
* *

Il y avait déjà longtemps que le général Ducrot n'assistait plus aux séances auxquelles le Gouvernement conviait les généraux. Écœuré de ce qu'il y entendait, il avait même envoyé sa démission de commandant en chef de la 2ᵉ armée au général Trochu, qui l'avait refusée en lui répondant par une lettre qui l'avait profondément touché. Il fut de nouveau invité à prendre part aux délibérations du conseil de guerre qui allait régler les détails de l'opération fixée au 19.

Dans une de ces fameuses séances, un membre du Gouvernement ayant insinué qu'on ne calmerait l'opinion de Paris que « quand on aurait fait tuer dix mille gardes nationaux », le général Ducrot s'écria : « Jamais je ne me ferai l'instrument d'exécution d'un pareil calcul! Je me refuse absolument à assumer la responsabilité d'une action militaire qui, en effet, ne peut avoir d'autre but... Donnez le commandement à un autre... Quant à moi, entouré de mes officiers, je me mettrai à la tête de mes éclaireurs, et j'aurai du moins l'avantage de finir ainsi en bonne compagnie! »

*
* *

On hésitait sur le point où le « grand coup » serait frappé. Châtillon fut d'abord choisi. Puis on se rabattit sur la Bergerie... C'était également insensé. Il était évident que, depuis quatre mois, les Allemands avaient dû établir plusieurs lignes de défense formidables entre Versailles et Paris, pour protéger la ville où était installé leur grand quartier général avec leur roi.

L'événement ne le prouva que trop.

Ce fut dans la nuit du 16 au 17 que Jules Favre arracha au général Trochu la promesse que l'opération contre Versailles s'exécuterait le 19.

Deux jours pour préparer un effort aussi considérable, dans les conditions les plus désavantageuses, pour transporter de si nombreuses troupes à travers Paris, c'était bien court. Aussi les ordres furent-ils insuffisamment étudiés. Le travail fort délicat de l'écoulement de longues colonnes par deux uniques ponts ne fut pas fait à l'état-major du gouverneur avec la minutie qu'il aurait dû comporter, et des retards énormes se produisirent dans l'entrée en ligne des divers éléments, ce qui compromit, dès le début, le succès d'une entreprise déjà pleine d'aléas par sa conception même.

*
* *

Le général Trochu commandait en chef. Il devait se tenir au Mont-Valérien. Trois colonnes, représentant une force globale d'environ cent mille hommes, allaient agir sous sa haute direction. Celle de gauche était commandée par le général Vinoy, celle du centre par le général de Bellemare, et celle de droite par le général Ducrot. On avait réparti les troupes de telle sorte que les régiments de garde nationale mobilisée étaient encadrés partout par des bataillons de ligne ou de mobile.

Ces cent mille hommes n'avaient pour se déployer qu'un espace d'environ cinq kilomètres. Ils allaient opérer dans un « goulot de bouteille », et, dans cet étroit goulot, il leur fallait enlever, avant d'arriver à Versailles, trois systèmes successifs de défenses savamment combinées !

Nos colonnes d'attaque devaient être rendues, le 19, à six heures du matin, aux points suivants : celle de gauche à la Briqueterie, celle du centre à la Fouilleuse, et celle de droite à Rueil. Et l'action devait être engagée simultanément par les trois. Malheureusement, le gouverneur n'ayant pu arriver de sa personne au Mont-Valérien que longtemps après six heures, le signal convenu fut donné alors que, seule, la colonne de gauche était en position... Elle attaqua aussitôt.

Le retard considérable des deux autres provenait en grande partie de l'encombrement inouï des avenues conduisant au rond-point de Courbevoie et des barricades qui obstruaient partout les routes.

Il est impossible, quand on ne l'a pas vu de ses propres yeux, de se faire une idée du désordre qui régnait dans ces parages, dès la veille. Les bataillons de la garde nationale mobilisée, dont les hommes étaient plus ou moins mêlés à ceux de la ligne et de la mobile, présentaient surtout un spectacle extraordinaire. Ils étaient suivis de files de voitures portant des bagages. Chacun avait, en plus, celle de sa cantinière, sur laquelle se balançaient des objets de toute sorte, des tables, des chaises, etc. A quelques-unes étaient accrochées des cages contenant des oiseaux qu'on n'avait pas voulu abandonner... Et tout ce monde, au lieu de rester en file, se massait aux abords des ponts et des autres défilés.

***

Notre quartier général avait été installé le 18 à

la Porte-Maillot. Nous avions couché chez Gillet.

Le 19, de grand matin, j'étais avec mon détachement à Nanterre. Je couvris tout le bord de la Seine de vedettes reliées au gros par des relais et des soutiens. Fortoul canonna bientôt avec succès un poste de Prussiens établi près du Pont-des-Anglais.

J'allai vers dix heures trouver le général Ducrot, pour lui rendre compte de ce que j'avais appris de l'ennemi. Il était à pied, près de la maison Crochard, où tombait d'ailleurs une pluie de balles. Leur sifflement continu ressemblait assez au bourdonnement d'une ruche. « Tiens, dit sérieusement Hutton, il y a donc des abeilles dans ce jardin?... » Nous partîmes tous d'un éclat de rire, et lui aussi, quand il eut constaté la cause de son erreur.

Le général Ducrot attendait avec anxiété ses têtes de colonnes, qui n'étaient pas encore entrées en ligne. Il m'apprit que le général de Bellemare venait de couronner les crêtes et que la gauche avait enlevé les positions en avant d'elle.

En effet, au signal donné, trop tôt, hélas! par le Mont-Valérien, le général Noël s'était élancé,

à la faveur du brouillard, avec le 2ᵉ mobilisé et
un bataillon du 139ᵉ, sur la redoute de Montretout, pendant que le lieutenant-colonel Madelor,
à droite, avec les mobiles de la Vendée et de la
Drôme et le 41ᵉ, enlevait la Briqueterie, et que
le commandant de Lareinty, à gauche, à la tête
des francs-tireurs des Ternes, des mobiles de la
Loire-Inférieure et de gardes nationaux du 2ᵉ régiment, attaquait la villa Pozzo di Borgo...

Les Allemands, se voyant tournés, évacuent la
redoute. Lareinty, avec ses vaillants bataillons,
les refoule jusqu'au château, malgré une fusillade
terrible. Mais là il est arrêté. Le capitaine June-
mann est tué raide, ainsi que le lieutenant Guillot
et plusieurs hommes. Bientôt Lareinty enlève
une première barricade. Mais il échoue à la seconde. Alors cet intrépide officier se retourne
vers le château Pozzo, où il pénètre enfin... Poursuivant sa course victorieuse, il s'empare de la
maison Dautan, puis l'évacue « par ordre supérieur... » Revenant alors sur ses pas, il se jette,
avec sa bravoure habituelle, sur la villa Zimmermann, malgré le feu des batteries du Rond-Point
qui balayent toute la rue... Enfin, la grande porte

est enfoncée et Lareinty s'y établit solidement.

La redoute de Montretout, le parc Pozzo et la moitié de Saint-Cloud étaient ainsi en notre pouvoir.

*
* *

Au centre, le général de Bellemare s'était porté en avant, dès que la tête de ses troupes était arrivée à sa hauteur. Les zouaves de la brigade Fournès avaient brillamment enlevé les premières maisons de Garches. La brigade Colonieu avait été lancée sur le parc de Buzenval, sous les ordres du lieutenant-colonel Allard. Les sapeurs du capitaine Coville font plusieurs brèches dans le mur. Le 105e bataillon de garde nationale s'y précipite, le colonel de Crisenoy en tête. Bientôt le lieutenant colonel Landrut s'empare du château avec le 1er bataillon du 109e...

Sous une grêle de balles, la colonne Allard cherche à gagner la Bergerie... Elle se heurte à des abatis, des murs crénelés, des tranchées. Bientôt arrive la brigade Colonieu. Un vif combat s'engage. Mais les Allemands tiennent bon.

Le capitaine Coville essaie alors de faire brèche
à la ferme même de la Bergerie, que le colonel
Allard enlèvera ensuite d'assaut. Se glissant avec
le sous-lieutenant Azibert et le sergent-major Lepage dans un fossé bordé de broussailles, ces trois
braves parviennent au pied même de la ferme.
Ils y appuyent leur dynamite, mais il ne leur
reste plus d'amorces. Azibert décharge son revolver sur le sac. Lepage l'éventre en tirant sur
lui à bout portant une balle de son chassepot...
Il recharge son arme et tire une seconde fois!...
Rien n'y fait : ... la dynamite est gelée!...

Mais les Prussiens ont entendu ces coups de
feu si rapprochés... Ils aperçoivent à quelques
pas d'eux nos trois intrépides et les prennent
aussitôt pour cibles... Leurs projectiles les manquent, mais vont atteindre quatre vaillants sapeurs qui, malgré les ordres, ont voulu quand
même accompagner leurs officiers...

Incorrigible, l'héroïque Coville fait ouvrir à la
pioche une nouvelle brèche dans un mur du parc.
Mais déjà Français et Allemands se fusillent, par-
dessus sa tête, à quelques mètres les uns des autres,
et il n'a que le temps de leur céder la place...

*
* *

Enfin le général Ducrot aperçoit ses premières troupes. Il a auprès de lui le colonel Maillard, Bossan, Louvencourt, Massing, Victor de Lesseps. Dix éclaireurs Franchetti, parmi lesquels les brigadiers Raoul Brinquant, Crémieux et Rodrigues, avec quatre de mes gendarmes, forment seuls son escorte. Massing, brillant capitaine des Guides, avait été attaché au début du siège, avec le jeune lieutenant Steiner, à l'intrépide général Renault « d'arrière-garde », près duquel ils se trouvaient quand le glorieux soldat fut frappé mortellement. Ces deux vaillants officiers furent pris aussitôt après par le général Ducrot, qui les plaça à son état-major particulier.

En tête de la division Berthaut, marche le colonel de Miribel avec sa brigade.

Le général Bocher a auprès de lui son aide de camp et Raoul Brinquant En arrivant à la porte d'entrée du parc de Buzenval, ils aperçoivent un ou deux bataillons de mobiles se repliant vers eux et cherchant à se mettre à l'abri de la fusil-

lade... A ce moment, un aumônier de haute sta-
ture et bâti en hercule s'empare d'un échalas,
escalade le mur et rentre dans le parc... Tout le
monde le suit.

Le général Bocher franchit d'un bond la brèche.
Brinquant fait de même. L'aide de camp tombe
avec son cheval... Les troupes, entraînées par
l'exemple de leur chef, arrivent ainsi d'un seul
élan jusqu'au mur de Long-Boyau. Mais, des
créneaux qui le garnissent, part une fusillade
meurtrière qui les force à la retraite. Le jeune
capitaine de Laumière y trouve une mort de
héros. Déjà cité à l'ordre de l'armée, il rassem-
blait ses hommes quand il apprend que son commandant est resté blessé près du mur... Il
retourne aussitôt sur ses pas, se penche pour
relever son brave chef, mais retombe sur lui... Il
avait le corps percé de dix balles, dont une lui
avait traversé le cœur.

A l'arrivée du 119ᵉ, la brigade Bocher renou-
velle un effort infructueux sur le fatal mur. Là
est tué glorieusement le sergent Gustave Lam-
bert, le célèbre explorateur.

Cependant le général Ducrot, ayant enfin

toutes ses forces sous la main, veut briser, coûte
que coûte, l'obstacle qui arrête tous nos mouvements. Le général Tripier forme une escouade
de dix sapeurs, commandés par le lieutenant
Beau. Ils prennent de la dynamite et s'élancent...
Mais de ces onze braves, aucun ne survit!... Tous
sont foudroyés avant d'arriver au mur... « Allez
me chercher M. de La B... », s'écrie le général
Ducrot... M. de La B... arrive : « Vous voyez ce
mur, lui dit-il : appuyez-y la dynamite que voici
et je vous promets la croix! L'occasion que vous
cherchiez est arrivée... » M. de La B... prit bien
le sac et les amorces. Mais... on ne le revit plus
de la journée...

*
* *

Malgré toutes ces hécatombes, le colonel de
Miribel veut en finir. Sous son énergique impul-
sion, sa brigade s'élance... Le commandant de
Parseval tient la tête avec ses francs-tireurs.
Puis vient le brave Monbrison. Son lieutenant-
colonel, Fressinet de Bellanger, malade, a voulu
marcher quand même... Monbrison a mis son

képi au bout de son épée... Entraînant, avec ses mobiles, des soldats de la ligne et des gardes nationaux, il essaie trois fois d'arriver au mur maudit... Trois fois la terrible fusillade qui part du blockhaus et des tranchées foudroie ces malheureux et les arrête... Soudain ce mot poignant : « Le colonel est tué! » circule d'homme à homme dans les bataillons décimés. Le sergent François Hottinguer, beau-frère de Monbrison, qui vient de porter un ordre et ne cesse de seconder son chef avec le plus tendre dévouement, se précipite vers l'endroit où est tombé le colonel... Un commandant rapporte son sabre et son képi. « Il n'est que blessé! » apprend-on enfin...

Hélas! ce fut une courte joie. L'héroïque soldat était frappé à mort. Deux jours après, tous les soins ayant été impuissants, il succombait, entouré de membres de sa famille et de camarades. Pieusement résigné, il eut la consolation de recevoir la visite de son vénéré général, qui l'avait fait citer à l'ordre de l'armée après la Malmaison et décorer après Champigny. Puis il s'éteignit doucement, l'âme en paix, après une vie sans tache, pleuré de ses proches, de ses chefs et de ses hommes, qui gardèrent longtemps le souvenir de sa vaillance et de ses hautes vertus militaires...

Près de lui, le colonel de Rochebrune, du 19ᵉ de la garde nationale, était également tombé, mortellement frappé.

Le brigadier Raoul Brinquant, des Franchetti, galope derrière le général Bocher, quand son cheval s'abat, l'épaule fracassée par une balle.

De tous côtés on se bat, et d'instants en instants se succèdent d'infructueuses tentatives... Partout, la mort exerce ses ravages en aveugle. C'est le vieux marquis de Coriolis, qui s'était enrôlé à soixante ans comme simple garde national, et qui se fait tuer au milieu des rangs ennemis... C'est le jeune et déjà illustre Henry Regnault, devant qui s'ouvrait tout un avenir de gloire, qui tombe foudroyé par une balle, à la fin de la journée...

*
* *

J'étais posté, avec le gros de mon détachement, à Nanterre. Des locomotives blindées portant des pièces de gros calibre circulaient lentement sur le chemin de fer et faisaient beaucoup de mal à l'ennemi... Des batteries prussiennes viennent bientôt s'établir vers Carrières, d'où elles tirent à 90 degrés sur les locomotives qui sont criblées de projectiles. En peu de temps, elles reçoivent de fortes avaries. Un boulet entre dans une des cheminées, décapite un marin, blesse un officier et plusieurs servants... Les locomotives reculent jusque dans Nanterre. Les obus ennemis les y suivent...

Pendant que je causais, pied à terre, avec Marval et Fortoul, un de ces projectiles éclata contre nous et nous couvrit de terre. Marval reçut dans le dos une volée de pierres et de sable qui le contusionna fortement.

J'avais rendu compte au général Ducrot de tous les incidents relatifs aux locomotives. Elles reçurent l'ordre de se remiser dans Paris.

Le soir, je ramenai mon détachement à la Porte-Maillot, et je dînai chez Gillet avec Ganay. Il me raconta qu'il se trouvait avec le général Ducrot quand Victor de Lesseps avait reçu une balle dans le genou...

*
* *

Et Lareinty? se demanda-t-on fort tard dans la soirée, au Mont-Valérien, quand toutes les troupes eurent reçu l'ordre de se replier... Lareinty avait tout simplement été oublié. Avec sa poignée de braves, il tenait toujours... Résistant à toutes les attaques, il avait improvisé un drapeau tricolore qu'il avait hissé sur la maison Zimmermann. Cerné de tous les côtés, il attendait qu'on vînt le délivrer. Ce fut en vain. Sommé plusieurs fois de se rendre à merci, il avait répondu par des coups de fusil... Cette résistance désespérée dura jusqu'au milieu de la journée du 20. Mais l'eau manquait. Il n'avait plus de cartouches. Ses blessés souffraient cruellement de la soif et de l'absence de soins. Quand il vit que toute chance de délivrance avait disparu, il tint conseil. L'ennemi lui offrait de sortir avec les honneurs de la guerre. Il accepta, et ses dix-huit officiers défilèrent derrière lui, avec leurs armes, en tête de leurs valeureux soldats...

XVII

L'ARMISTICE

Le lendemain 20, dès l'aube, ne sachant si la bataille n'allait pas recommencer, je fis reprendre à mes éclaireurs toutes leurs positions d'observation de la veille. Il faisait un brouillard épais. On n'entendait ni fusillade ni canonnade. Tout à coup, comme un rideau de théâtre qui se lève, le brouillard se dissipa... J'étais près du pont de Chatou. Un de mes gendarmes était posté sur le remblai du chemin de fer, à vingt pas du fleuve. Un Prussien, l'apercevant soudain de l'autre rive, tira sur lui avec un énorme fusil qui ressemblait à un tromblon, et le manqua. « Descendez, lui dis-je. Vous êtes trop en vue ainsi. — Ah! non, par exemple, mon commandant, s'écria-t-il, pas avant que j'aie f...lanqué une balle à ce drôle-là!... » Et le brave soldat épaula tranquillement son mousqueton, et tira sur le « drôle » en question... Après quoi, seulement, il descendit du talus.

Vers 9 heures, j'envoyai Ganay au général Ducrot. Il me rapporta l'ordre de rentrer avec tout mon monde.

Les routes étaient encombrées d'hommes de tous les corps, entremêlés. Je rencontrai mon vieil ami la Boutetière, du Sporting, au milieu d'autres gardes nationaux : « Pouvez-vous me donner quelque chose à manger? me dit-il... Je crève de faim. Je n'ai rien avalé depuis hier matin. — Mais, répondis-je, vous aviez emporté six jours de vivre. — C'est vrai. Mais quand nous sommes entrés en ligne, j'ai tout jeté pour être moins gêné. Nous en avons tous fait autant. » Je m'empressai de lui passer les quelques biscuits et l'eau-de-vie que j'avais sur mon cheval...

*
* *

En somme, la journée de Buzenval n'avait pas été sans gloire. La garde nationale avait montré sur plusieurs points d'admirables élans individuels, mais cet enthousiasme s'était éteint rapi-

dement devant les premiers obstacles vraiment
sérieux. Dès lors, le manque de discipline et de
cohésion s'était fait sentir dans plusieurs bataillons et avait produit parfois un certain désordre
qui s'était communiqué aux autres troupes...

Quoi qu'il en soit, lorsque la nuit étendit son
voile sur le dernier champ de bataille du siège,
l'ennemi nous savait, hélas! impuissants désormais à rien tenter d'inquiétant pour ses armes.
Le moment approchait où l'on allait être obligé
d'accepter du vainqueur les pires conditions qu'il
lui plairait d'imposer...

*
* *

Paris avait attendu, dans la fièvre, des nouvelles
de la suprême bataille... Les dépêches arrivaient
rares, brèves, vagues. L'inquiétude grandissait...
Quand, dans la nuit, la vérité apparut, trop claire,
ce fut un immense cri de colère, châtiment de
ceux qui, du Louvre, avaient toujours prédit la
victoire...

Dès lors, les conseils se succèdent. On cherche
comment éluder la terrible responsabilité qui

écrase les membres du Gouvernement. Le peuple
ne voit partout, dans les combattants de la veille,
que des traîtres et des lâches.

Les projets les plus fous sont prônés. On demande la sortie « torrentielle... » Puis ce sont les
objurgations virulentes de Gambetta qui « accuse
Paris de n'être pas venu au secours des armées
de province, qui le somme d'accourir!... » alors
que le reproche inverse eût été autrement fondé,
si l'heure eût été aux récriminations réfléchies.
Les vivres s'épuisent : qu'importe? dit-on ; Paris
vivra bien cinq ou six jours sans pain...

A la foule en délire il faut un bouc émissaire.
On demande au général Trochu sa démission. Il
la refuse. On le destitue.

Les généraux déclarent inutile toute prolonga-
tion de la résistance. On offre de donner le commandement suprême à n'importe quel jeune officier qui répondra de la victoire... **Tous se déro-
bent...**

L'émeute gronde. Le général Vinoy se dévoue.
Il accepte le commandement en chef de l'armée
de Paris. Il est temps. Le 22, une insurrection
éclate. Elle délivre Flourens à Mazas et **attaque**

l'Hôtel de Ville... Le 101ᵉ de la garde nationale fait feu sur le colonel Vabre, qui cause sur les marches avec le commandant Bernard. Ce dernier est tué raide... A cette vue, les mobiles bretons du commandant de Legge ripostent par une grêle de balles. Les insurgés fuient et la garde républicaine achève de rétablir l'ordre...

*
* *

Mais la commission de l'alimentation annonce soudain que, d'après de récents renseignements, si la Guerre ne vient pas en aide à la population civile, Paris sera affamé dans deux jours... C'est la fin. Il ne reste plus qu'à capituler « la corde au cou », comme l'avait, hélas ! prédit le général Ducrot.

Et le bombardement continue... Les forts résistent vigoureusement. Toute brèche aux ouvrages est aussitôt réparée... De nouvelles batteries allemandes ouvrent le feu sur les forts de la Briche et de la Double Couronne. ...L'ennemi les enserre de plus en plus pour s'emparer ensuite de Saint-Denis. L'amiral de La Roncière s'y distingue par sa froide énergie, pendant que l'amiral Saisset décourage par sa résistance opiniâtre, dans les forts de l'est, les efforts infructueux des Allemands. ...Partout les marins font l'admiration générale. Mais c'est le chant du cygne. On négocie, et le 26 janvier, à minuit, Paris tirait son dernier coup de canon contre l'ennemi.

*
* *

Au lieu de charger le général Trochu de traiter des conditions de la capitulation, c'est Jules Favre qui assume cette écrasante responsabilité. C'était une lourde faute. Incapable de discuter les questions militaires, suspect au comte de Bismarck par ses antécédents révolutionnaires, Jules Favre accomplit sa tâche avec dévouement, versa beaucoup de larmes, mais fut cause de « l'oubli » lamentable et de la perte de l'armée de l'Est, omise dans la convention !... Insistant, malgré la clairvoyance brutale de Bismarck, pour laisser à la garde nationale la dangereuse satisfaction de conserver ses armes, il rendait inévitable pour plus tard l'éclosion d'une insurrection formidable...

Le 28, il signait, avec le chancelier de fer, un traité d'après lequel un armistice de vingt et un jours était conclu ; une Assemblée était convoquée à Bordeaux pour le 12 février, et les élections fixées au 8 du même mois.

Le général de Beaufort, chargé tardivement de défendre les intérêts de l'armée, avait montré dans ces négociations beaucoup d'intelligence, d'à-propos, de savoir et de fermeté.

Paris allait donc être ravitaillé, mais les hostilités continuaient dans l'Est, malgré la dépêche de Jules Favre à la Délégation... Ce fut pour Gambetta un véritable coup de foudre qui motiva de sa part, envers le négociateur du traité, une explosion de colère bien justifiée...

*
* *

L'annonce officielle de la capitulation produisit dans Paris l'effet redouté par le Gouvernement : une poussée formidable d'indignation et de dépit...

La population comprit que, depuis des mois, on la trompait indignement en lui laissant des espérances chimériques... A Belleville on battit le rappel. Puis ce fut le tocsin sonné dans plusieurs églises... Le général Ducrot s'était démis de son commandement après Buzenval. Il était venu s'établir 14, rue Abbatucci. Au milieu de la nuit, il fut réveillé par une députation d'officiers de la garde nationale. « Nous n'acceptons pas l'armistice, lui dirent-ils. On nous trahit. Vous êtes le plus brave. Mettez-vous à notre tête. Nous sommes prêts à nous faire tuer pour sauver l'honneur de Paris... Bourbaki n'est qu'à deux journées de marche. Allons vers lui!... » Le général eut toutes les peines du monde à les calmer : « L'armée de l'Est, leur répondit-il, est acculée à la Suisse. Bourbaki, fou de désespoir, s'est fait sauter la cervelle... Vous êtes de bons et vaillants citoyens... Mais le patriotisme nous commande à tous la résignation... »

Le 29, l'armée rentrait dans Paris et les forts étaient livrés aux Allemands. Le sacrifice était consommé. Vaincus par le spectre de la famine, il avait fallu demander grâce après un siège de

cent trente jours... Deux millions d'êtres humains
manquant de pain se rendaient à merci... Mais
l'honneur militaire était sauf... L'ennemi, tenu
partout en respect, n'avait osé, en aucun point,
risquer un assaut sur un fort ou tenter une surprise sur le corps de place.

*
* *

Après Buzenval, l'escadron Franchetti reçut
encore un certain nombre de récompenses. Le
brigadier Raoul Brinquant et les éclaireurs Edmond de Bussière, Le Fez et Jay, qui s'y étaient
distingués, furent médaillés. Le 8 février, le
sous-lieutenant Lucien Worms était décoré et le
capitaine Benoît-Champy fait officier de la Légion
d'honneur. Plusieurs autres propositions restèrent sans effet, à cause du grand nombre de
ceux qui en avaient été l'objet. Parmi ces derniers figurait le vaillant porte-fanion du général
Ducrot, le maréchal des logis de Marcy, dont le
cheval reçut à Buzenval une balle à l'épaule. Ce
jeune volontaire avait pris du service au moment

de la guerre, quoiqu'il n'eût pas la taille exigée, et ce fut à lui que le général confia, sur le champ de bataille, Lesseps blessé, pour le remettre aux mains du célèbre chirurgien Demarquay.

Le 31, j'adressai un ordre d'adieux à mon détachement, dont les divers éléments rentraient à leurs corps respectifs. Au milieu de nos tristesses, j'avais la satisfaction de voir que mes braves capitaines Morel et Klein, et presque tous les autres officiers de gendarmerie à cheval ou de dragons qui en faisaient partie étaient décorés ou allaient l'être. L'escadron Franchetti était dissous.

Comme un témoignage de ma part en faveur des vaillants jeunes gens qui le composaient pourrait paraître suspect, je me borne à citer textuellement ici quelques lignes que leur a consacrées le général Ducrot dans *la Défense de Paris*. Parlant de la période du siège, où ils ont été placés directement sous mon commandement, le général s'exprime ainsi : « Sous la direction de ce nouveau chef, les éclaireurs continuèrent à rendre à la défense des services de premier ordre. Toujours en avant, toujours en reconnaissance, ils poussèrent les pointes les plus hardies et se signalèrent en maintes circonstances, ce qui leur valut des citations particulières du général commandant en chef la deuxième armée. »

XVII

MA MISSION A VERSAILLES.

Depuis ma rentrée à Paris après mon évasion, j'avais fait transporter mes effets et objets personnels, de la cour Caulaincourt, chez Arthur de Louvencourt, 10, rue Montalivet, où je m'installai à la signature de l'armistice.

Nous y mangions en popote avec le colonel Maillard, Bossan, Sarazin, Chabannes, Wagram, Massing et deux ou trois autres camarades, en attendant les événements.

Chabannes s'était évadé aussi de Pont-à-Mousson. C'était un véritable preux, modeste à l'excès, d'un caractère un peu renfermé, mais tout entier à ses devoirs, d'une vertu austère et d'une piété édifiante. Un jour que, pendant une suspension d'armes pour enterrer les morts, Sarazin causait aux avant-postes avec un officier allemand, ce dernier lui dit : « Votre général

Ducrot est d'une témérité vraiment exagérée. Nous connaissons bien son cheval blanc. A la Malmaison, il était tellement en vue que mon commandant, saisi d'admiration, a défendu à nos hommes de tirer sur lui. »

Quand Sarazin nous raconta cette conversation, nous pensâmes d'abord que, notre vaillant général n'ayant jamais monté de cheval blanc, ce devait être un récit inventé de toutes pièces pour faire décerner un brevet de générosité à l'armée allemande. Mais, à la réflexion, nous nous dîmes que le cavalier au cheval blanc était certainement Chabannes, qui, seul de notre état-major, avait un arabe de cette robe pour monture habituelle, et qui s'exposait sans cesse avec un absolu mépris du danger, quand il avait un ordre à porter sur le champ de bataille...

Après la guerre, ce pauvre Chabannes est allé faire campagne en Algérie, où il est mort, pendant une expédition, dans le Sud-Oranais.

*
* *

Le 11 février, nous nous mettions à table chez

Louvencourt pour déjeuner, quand le général Ducrot entra. Il me prit à part et me dit :

« Vous allez vous mettre en uniforme et vous irez avec Gaston, qui vous servira d'interprète, porter cette lettre à Versailles au général de Moltke. » Voici ce qui s'était passé : la veille, le général Trochu ayant appris qu'il n'était point compris dans la liste des prisonniers avait chargé Jules Favre de demander à Bismarck de l'y porter, ce qui fut fait aussitôt : « Mais il y a aussi le général Ducrot, dont le nom ne figure pas sur cette liste, avait fait observer le chancelier. — C'est sans doute, avait répondu Jules Favre, parce qu'il est en disponibilité, ayant quitté le 26 janvier le commandement de la deuxième armée. — Ah ! tant mieux, avait ajouté Bismarck, cela simplifie tout, car la situation du général Ducrot n'est pas bien nette pour nous... »

Cette conversation ayant été rapportée par Jules Favre au général Trochu, celui-ci avait fait appeler, dès le matin du 11, le général Ducrot, qui, très étonné et douloureusement affecté du propos tenu par Bismarck, s'était empressé

de rédiger la lettre que j'allais porter au comte
de Moltke. Elle était ainsi conçue :

« Mon général,

« J'apprends à l'instant, par M. Jules Favre,
qui a eu à ce sujet une conversation avec M. le
comte de Bismarck, que je ne suis pas compris
sur la liste des prisonniers de guerre. Il est vrai
que j'ai été mis en disponibilité le 26 janvier,
c'est-à-dire antérieurement à la convention du
28, mais je ne saurais me retrancher derrière une
subtilité réglementaire pour bénéficier d'une disposition aussi imprévue.

« Je tiens à honneur de partager le sort de l'armée que j'ai commandée pendant toute la durée
du siège, et je prie Votre Excellence de vouloir
bien faire ajouter mon nom à ceux des officiers
portés sur la liste qui est entre ses mains.

« Cette formalité remplie, je prie Votre Excellence de vouloir bien me donner les moyens de
comparaître le plus tôt possible devant un conseil de guerre ou un tribunal d'honneur pour
statuer sur la question de mon évasion après la
capitulation de Sedan, évasion au sujet de la-

quelle j'ai vu avec douleur que, malgré les explications très nettes que j'ai fournies, des doutes sont restés dans l'esprit des officiers de l'armée allemande.

« Je réclamerai le même droit pour quatre officiers de mon état-major qui sont dans la même situation que moi. Ce sont MM. le comte de Chabannes, chef d'escadron d'état-major; le commandant Bossan, chef d'escadron d'état-major; le baron Faverot de Kerbrech, chef d'escadron de cavalerie, et le capitaine de Gaston, mes officiers d'ordonnance.

« Veuillez agréer, mon général, l'assurance de ma haute considération.

« Le général de division
« A. Ducrot,
« Ex-général en chef de la 2e armée de Paris. »

A une heure, je prenais le train avec le capitaine de Gaston, qui parlait couramment l'allemand.

Chemin faisant, nous jetons un coup d'œil sur Saint-Cloud dont l'aspect est lamentable avec ses maisons incendiées et ses beaux arbres couchés par terre. Puis, c'est la Porte-Jaune hérissée d'épaulements et d'abatis...

A Versailles, de nombreux officiers prussiens se pressent au débarcadère. Ils s'effacent en saluant, pour nous laisser passer. Nous nous dirigeons à pied vers la maison où, nous dit-on, est installé le grand quartier général. Bientôt nous apercevons une victoria devant laquelle trotte un piqueur en tenue militaire. Dans la voiture sont deux personnages portant l'uniforme allemand. Immédiatement derrière viennent deux cavaliers faisant office de « garçons d'attelage », puis, à quelques pas, quatre ou cinq hommes d'escorte. Nous demandons à un soldat : « *Ist er der Kœnig* (est-ce le Roi)? — *Nein* (non), répondit-il fièrement en faisant le salut militaire, *der Kaiser* (l'Empereur) ! »

Ce mot, dont un reître inconscient me cinglait la face, me glaça... Il évoquait en moi, dans un éclair, la tragique et douloureuse épopée qui avait fait son maître si puissant et nous maintenant si misérables, après avoir été si grands...

*
* *

Un sous-officier nous croisait. Gaston lui demanda où demeurait le comte de Moltke. Il nous y conduisit. Nous passâmes par une première pièce non meublée pour entrer dans une seconde qui n'avait pour tout ornement qu'une chandelle à moitié consumée, posée dans un mauvais chandelier de fer blanc. Un officier sort d'une salle voisine. Il prend ma lettre et la porte au comte. Peu d'instants après, il descend et nous introduit dans le cabinet de service. Bientôt le général de Moltke y vient en personne. Sa face absolument rasée et légèrement couperosée me frappa. Il était en petite tenue, sans aucun insigne ni décoration. Il me sembla de taille moyenne, sec, nerveux, se tenant droit avec une certaine raideur. Il me dit, avec une politesse un peu obséquieuse, qu'il allait prendre les ordres de Sa Majesté, qu'il me priait d'accuser réception au général Ducrot de sa lettre, et qu'il aurait l'honneur de lui répondre le lendemain.

Nous remîmes alors, Gaston et moi, nos deux cartes au comte qui nous salua et se retira.

Je fis observer à l'officier de service que nous étions tous deux dans le même cas que le général Ducrot, et qu'il nous avait choisis à dessein pour porter sa lettre au général de Moltke, afin de lui fournir toutes les explications qu'il lui aurait convenu de nous demander.

Notre laissez-passer visé, nous prîmes congé de cet officier. Le train partait à quatre heures et demie. En attendant, nous parcourûmes un peu Versailles. La ville était fort animée. Nous trouvâmes à la gare Ernest Picard, le général de Valdan, Léon Say, et deux autres membres de la commission des finances chargée de payer les 200 millions d'indemnité.

J'eus avec Ernest Picard une curieuse conversation dans le wagon qui nous ramena tous les deux à Paris.

Après m'avoir questionné avec un réel intérêt sur mon glorieux chef et sur le rôle qu'il avait joué à Sedan, déplorant qu'on ne lui eût pas laissé continuer son mouvement de retraite sur Mézières, il s'était penché vers moi et s'était mis à me parler à mi-voix du Quatre Septembre. Ce qu'il m'en dit m'ayant fortement intéressé, j'en consignai le résumé le soir même dans les notes que je prenais journellement. C'est ce résumé que je transcris ici fidèlement. Il me déclara donc que, très ému, dans cette journée historique, par la brusque tournure des événements, il avait supplié **M.** Schneider de montrer une énergie à la hauteur des circonstances, d'empêcher surtout la Chambre de s'effondrer et qu'il était allé, dans ce but, le trouver chez lui à minuit.

Il aurait voulu qu'on évitât de proclamer la république. Il aurait fallu, me dit-il, déclarer « la vacance » (*sic*), l'Empereur étant prisonnier et l'Impératrice partie avec le Prince impérial... La Chambre, après cet acte, aurait nommé une commission de défense qui aurait pris le pouvoir... Alors, on aurait fait la paix. On aurait tout doucement cicatrisé les plaies causées par la guerre... On aurait gardé ce provisoire suffisamment longtemps pour habituer petit à petit le pays à se sentir gouverner « honnêtement » sans avoir de Roi ni d'Empereur, et la république en fût sortie, pensait-il, tout naturellement, saluée comme une délivrance et vierge des deuils de la patrie...

***

Le 14, le général Ducrot reçut la réponse suivante du comte de Moltke à sa lettre :

« A Son Excellence l'ex-commandant de la 2ᵉ armée de Paris, M. le général de division A. Ducrot.

« J'ai l'honneur de répondre très respectueusement à la lettre que Votre Excellence a bien voulu m'adresser hier que, suivant le vœu qui y est exprimé, le nom de Votre Excellence sera porté sur la liste des prisonniers de guerre de Paris. En conséquence de la proposition que fait ensuite Votre Excellence, le conseil de guerre demandé sera réuni aussitôt que cela sera pratiquement possible, et Votre Excellence sera avertie de l'époque de cette convocation par le ministre de la guerre et de la marine, le général d'infanterie de Roon.

« Avec ma haute considération, je suis très respectueusement,

« Comte DE MOLTKE,

« Général d'infanterie et chef d'état-major général de l'armée allemande. »

Le général Ducrot répondit immédiatement au comte de Moltke qu'il se rendait à Bordeaux pour y siéger à l'Assemblée nationale, mais qu'il se tenait à la disposition du conseil de guerre annoncé lorsqu'il paraîtrait possible à S. Exc. le ministre de Roon de le convoquer...

Pendant ce temps, Chabannes, Bossan, Gaston et moi nous restions à Paris, attendant toujours qu'il fût « pratiquement possible » de réunir ce conseil de guerre qui devait nous juger. Mais ce fut en vain. Malgré les efforts diplomatiques faits au nom du général et au nôtre, pour que cette promesse fût tenue, le gouvernement allemand se dérobait toujours...

*
* *

Alors, le général Ducrot, ne voulant pas laisser subsister l'ombre d'un doute sur la parfaite loyauté de sa conduite et l'absolue correction de ses actes au moment où, au péril de la vie, il s'était évadé des mains de l'ennemi, demanda à soumettre les faits relatifs à son évasion à la commission dite « des capitulations », instituée par la loi du 8 août 1871.

A la suite de cet examen, le général Changarnier, président de cette commission, adressa au général Ducrot la lettre suivante :

« Versailles, 16 septembre 1871.

« Cher général, la commission nommée par l'Assemblée nationale, en exécution de la loi votée le 8 août 1871, a entendu les explications que vous avez spontanément cru devoir lui donner au sujet de votre évasion après la capitulation de Sedan. Elle vous félicite, cher général, d'avoir tenu à honneur de reprendre les armes dès qu'il vous a été possible de vous soustraire à la surveillance de l'ennemi dont vous étiez le *prisonnier gardé.*

« Croyez, cher général, à mes sentiments d'affectueuse estime.

« *Le président,*

« A. CHANGARNIER. »

Cette lettre nous donnait enfin la satisfaction que nous avions vainement attendue de la loyauté de nos vainqueurs.

XIX

LA SUPRÊME ÉPREUVE

Depuis la signature de l'armistice, une inquiétude, lointaine d'abord, puis, de jour en jour plus poignante, nous hantait, obsession qui, bien souvent déjà, pendant les longues angoisses du siège, avait assombri nos fronts. Les Allemands entreront-ils dans Paris? Nous infligeront-ils la suprême honte de défiler aux Champs-Élysées? Entendrons-nous résonner insolemment, sur les pavés de nos grandes artères, le sabre traînant de nos vainqueurs? Et alors, s'ils pénètrent dans nos rues, s'ils se mêlent à la population surexcitée jusqu'à l'affolement par cet humiliant spectacle, qui peut prévoir les insultes, les violences, les meurtres même auxquels ils seront exposés, et les terribles représailles que ces excès entraîneraient?

Nous attendions donc anxieux les événements.

*
* *

Le général Ducrot était parti pour Bordeaux.

Pendant que nous étions ainsi dans l'attente, Louvencourt fit encadrer deux ou trois dessins, qui « ont une histoire »...

Il avait beaucoup de goût pour les bibelots, les tableaux, les aquarelles, les gravures, etc. Il s'y connaissait d'ailleurs fort bien, et m'avait dit, au commencement du siège, dans les premiers temps de notre séjour à la porte Maillot : « Il y a dans les bureaux de notre état-major un scribe qui a un bien joli talent. Il dessine, sur son sous-main, des bonshommes qui sont de vrais petits chefs-d'œuvre. Aussi je guette chaque soir le moment où il quitte la salle des secrétaires, et, quand je trouve de lui un dessin à la plume, je détache la feuille et je l'emporte.... subrepticement! Tenez : voilà le fruit de mes deux derniers larcins! » Et il me montra deux croquis absolument charmants.

A quelques semaines de là, Meissonier vint me demander à déjeuner à notre popote, présidée par le général Ducrot, comme il le fit ensuite souvent le dimanche jusqu'à la fin du siège. Nous étions en relations suivies depuis que j'avais monté devant lui des chevaux des écuries impériales pour son magistral tableau *1807* — qui, entre parenthèses, devait alors s'appeler *Vive l'Empereur !* Il aimait à circuler à cheval en uniforme de la garde nationale, avec toutes ses décorations, et à recevoir ainsi les honneurs militaires : « Je vous assure, me dit-il un jour, que je suis plus heureux de m'entendre appeler mon colonel que d'être Meissonier... Et, à ce propos, que faites-vous de mon petit Detaille ? — Detaille ? répondis-je, le peintre de la *Halte au camp de Châlons* ? — Oui. — Que voulez-vous que je fasse de lui ? — Mais il est à votre grand état-major ? — Ah ! bah ! m'écriai-je, mais alors je comprends que Louvencourt s'enthousiasme des bonshommes que dessine un de nos secrétaires ! »... Et voilà comment nous sûmes que les si jolis croquis que nous admirions étaient du « petit » devenu le grand Detaille !

*
* *

Bientôt on apprend de Bordeaux que M. Thiers est nommé chef du pouvoir exécutif... L'Assemblée discute les préliminaires de la paix. Et les Prussiens, se demande-t-on toujours, entreront-ils dans Paris?... Hélas ! il n'était plus possible d'en douter. La nouvelle se répandit vite, et les mesures nécessitées par ce douloureux et final épisode de nos malheurs furent aussitôt concertées entre les hautes autorités militaires des deux pays.

On convint que le quartier des Champs-Élysées, jusqu'au mur du jardin des Tuileries, serait réservé à l'armée ennemie, qui y pénétrerait par la barrière de l'Étoile et s'y installerait jusqu'à la signature des préliminaires de paix. De solides barricades furent établies par les soins du Gouvernement français dans toutes les rues donnant accès aux Champs-Elysées, afin d'empêcher la foule de se porter vers les cantonnements des troupes allemandes...

Ce fut dans la matinée du 1er mars que l'ennemi

fit son entrée dans la zone qui lui était affectée. Journée lugubre dont le souvenir oppresse encore le cœur de ceux qui en ont ressenti alors la cruelle amertume... Paris fut, dès l'aube, en proie à une agitation indescriptible. De tous côtés, une foule nerveuse et bruyante se portait vers les Champs-Élysées. Mais à chaque barricade avait été placé un fort cordon de troupes de ligne ou de garde nationale qui barrait résolument le passage à toute personne ne pouvant justifier d'une affaire urgente l'obligeant à se rendre dans le quartier interdit...

L'armée du vainqueur gardée par les troupes du vaincu : telle était en résumé la situation. Ce n'était point ainsi que nos pères étaient entrés jadis à Berlin et à Vienne...

Aussi la colère qui grondait dans le peuple fit-elle bientôt place à un autre sentiment : l'étonnement.

Mais la garde nationale avait profité de l'exaspération des esprits pour emmener à Montmartre de nombreux canons et d'énormes quantités de munitions. C'était, disait-on, pour être en mesure de résister aux Allemands, s'il leur prenait sou-

dainement fantaisie de nous attaquer, à la suite
de quelque rixe ou malentendu. C'était, en réalité, pour avoir dorénavant sous la main tous les
éléments d'organisation d'une insurrection formidable, quand le moment semblerait propice
pour la tenter...

*
* *

La nuit fut calme.

On apprenait le 2 que les préliminaires de
paix avaient été signés. Cette nouvelle causa
dans Paris une joie profonde, parce qu'elle im-
pliquait l'évacuation de l'enceinte par les Allemands. Elle fut pour l'ennemi une déception.
Bismarck avait compté sur une plus longue discussion des conditions de la paix. D'après lui,
l'occupation devait durer au moins quatre ou
cinq jours...

Le départ fut fixé au 3. Dans la soirée du 2,
nous allâmes en bourgeois, Louvencourt et moi,
sur la place de la Concorde. Il s'y trouvait un
petit nombre de soldats prussiens, qui se prome-
naient de long en large. Un de leurs officiers cau-

sait avec un couple français. Nous nous approchâmes d'un groupe de « gamins de Paris », qui s'étaient faufilés sur cette place et avaient entouré deux ou trois sous-officiers prussiens parlant un peu notre langue. Ils les criblaient de mots d'argot et de lazzis, qui mettaient en gaieté leurs compagnons et agaçaient fort les Allemands, incapables d'en comprendre le sens exact...

Le drame tournait à l'opérette.

Il y eut cependant quelques rixes et quelques coups de sabre administrés par-ci, par-là, au vaincu, pour son impertinente ironie.

Mais — en dehors de la brutalité du fait douloureux qui consacrait notre suprême humiliation — cette occupation tronquée justifiait, dans une certaine mesure, les dispositions gouailleuses de la population, et ce fut sous des huées que les derniers soldats allemands évacuèrent le secteur où s'étaient, hélas! imprimés, pendant plus de deux longues journées, les talons de bottes de nos vainqueurs...

XX

LE DÉSARROI

Il pouvait être six heures et demie du matin, le 18 mars, lorsque je fus réveillé par le bruit d'un tambour de la garde nationale qui battait le rappel... J'entrai dans la chambre de Louvencourt :

« Que se passe-t-il donc? me dit-il.

— Je n'en sais pas plus long que vous, répondis-je. Mais nous ferons bien d'aller aux nouvelles. »

Nous nous habillâmes à la hâte, et, bientôt après, nous nous présentions à l'hôtel du ministre de la guerre. Je demandai l'officier de service :
« Le capitaine de Louvencourt et moi, lui dis-je, venons nous mettre aux ordres du ministre. Nous avons entendu battre le rappel. Nous sommes sans emploi depuis que le général Ducrot a quitté son commandement. Nous avons de

19

bons chevaux. Si l'on a besoin de nos services, nous pouvons être ici en uniforme et prêts à marcher, dans une demi-heure. » Il alla faire notre commission et revint presque aussitôt avec le marquis du Lau, comme lui officier d'ordonnance du général Le Flô : « Le ministre vous remercie, messieurs, nous dirent-ils; mais il nous a chargés de vous rassurer pleinement. Ce qui a produit un peu d'émotion dans Paris, c'est que, ce matin, à la première heure, on a fait occuper Montmartre par des troupes chargées d'en ramener les fameux canons. Mais l'opération s'est faite sans incidents, et maintenant tout est calme... » Nous restâmes un certain temps à causer avec nos aimables interlocuteurs, qui nous plaisantèrent un peu sur notre beau zèle intempestif.

En rentrant, nous croisâmes, en effet, rue Royale, des artilleurs qui emmenaient plusieurs pièces de canon dans la direction de l'École militaire.

*
* *

Nous déjeunâmes chez Durand. Pendant que

nous étions à table, nous vîmes des groupes panachés de gardes nationaux et de civils, circulant sous nos fenêtres. Bientôt la place de la Madeleine prit un aspect anormal. Beaucoup d'ouvriers et de gens de toute sorte endimanchés y affluaient de tous côtés. On sentait qu'il y avait, dans l'atmosphère, comme un vent d'émeute...

Quand nous eûmes fini, nous remontâmes les boulevards. En arrivant à la hauteur du café Anglais, le spectacle était devenu tout à fait signifitif et fort inquiétant. Des escouades, des sections de gardes nationaux, ayant tous la crosse en l'air, défilaient devant nous, se dirigeant vers la Madeleine. Plusieurs soldats de la ligne, sans armes et plus ou moins débraillés, marchaient devant eux ou confondus dans leurs rangs... « Voilà qui sent bien mauvais, dis-je à Louvencourt. Retournons donc au ministère de la guerre. » Notre dog-cart était dissimulé dans une rue latérale. Nous le prîmes pour aller plus vite.

En entrant dans la cour du n° 14 de la rue Saint-Dominique, nous voyons qu'on emballe, qu'on fait des paquets, qu'on prépare un déménagement hâtif... Au cabinet de service, on est très affairé : « Nous partons pour Versailles, nous dit-on fiévreusement. — Pour Versailles? Et pourquoi? — C'est l'ordre. Le ministre est déjà en route. M. Thiers aussi... Nous allons tous les y rejoindre... »

La quiétude du matin avait fait place, en haut lieu, à l'affolement...

*
* *

Du ministère de la guerre, nous allâmes à la cour Caulaincourt, où était installé le gouverneur de Paris, dans les anciens appartements du général Fleury. Puisqu'on semble avoir perdu la tête de l'autre côté de l'eau, pensions-nous, mettons-nous à la disposition du général Vinoy. Nous pénétrons sous la voûte. Je retrouve là, toujours à son poste, le portier Millot : « Ah! mon commandant, me dit à voix basse ce brave serviteur, c'est bien triste, ce qui se passe. Il vient ici, à chaque instant, depuis midi, des officiers demandant des ordres. Le général Vinoy n'est pas là. Je crois qu'il a été appelé quelque part. Le général de Valdan est en conférence avec ses officiers… Ils ne savent que répondre…»

Nous montons l'escalier qui monte chez le gouverneur. Nous ne pouvons voir que le planton. Il est peu renseigné. Mais il nous confirme, en résumé, ce que nous venons d'apprendre.

Nous n'avions plus qu'à nous retirer… Dans le corps de garde se tenaient un officier et des soldats du 89e. Au moment où j'allais remonter en voiture, Millot me prit à part et me dit à l'oreille : « Le lieutenant qui commande le poste vient de s'écrier à haute voix devant ses hommes : « Oh! moi, je suis de Belleville, et il « n'y a pas de danger que je fasse tirer sur mes « frères!… »

*
* *

Dans la soirée, Bossan vint rue Montalivet nous annoncer que les généraux Clément Thomas et Lecomte avaient été fusillés par les insurgés et que toutes les troupes, restées si longtemps sans ordres, l'arme au pied et en contact avec la population des quartiers en ébullition, avaient été finalement dirigées sur Versailles.

Le général Ducrot devait rentrer le lendemain rue Abbatucci. Il fallait l'empêcher de pénétrer dans Paris, où des énergumènes l'auraient certainement insulté et peut-être massacré.

Nous convînmes que Bossan allait partir pour Fontainebleau, où il avait sa famille, et que, là, il ferait descendre de wagon le général et lui conseillerait de gagner directement Versailles en voiture. Louvencourt et moi tâcherions de nous y rendre également pour nous mettre à sa disposition, dès son arrivée. Quant à Gaston, il resterait rue Abbatucci, pour le cas où le général, n'ayant pas suivi le conseil de Bossan, entrerait quand même dans Paris.

*
* *

Le 19, dans la matinée, nous attelâmes mon cheval Cadio au phaéton de Louvencourt, sur lequel monta, avec nous deux, mon ordonnance en bourgeois. Nous emportions quelques menus bagages. A la porte Maillot, le poste des gardes nationaux nous laissa passer sans faire de grandes difficultés.

En arrivant au pied du mont Valérien, je re-
marquai que l'entrée du fort était tout ouverte
et sans aucun factionnaire. A ce moment, nous
aperçûmes un chasseur à pied, la veste débou-
tonnée, qui allait puiser de l'eau à la Seine. Je
lui demandai s'il y avait encore des troupes au
fort. Il me répondit qu'il n'y restait plus que le
casernier et quelques hommes malades ou punis
de son bataillon !...

A Versailles, on nous apprit que le général
Ducrot avait loué un petit appartement, 4, avenue de Sceaux. Pour être tout près de lui, à tout
événement, je m'installai au rez-de-chaussée du
n° 8 de la même avenue, dans une cuisine où
l'on plaça pour moi un lit, un lavabo, un baquet
et quelques chaises.

*
* *

A la nuit, nous eûmes la joie de voir descendre
de voiture, devant sa porte, le général Ducrot.
Mais une de ses malles avait été laissée, à Fontainebleau, dans le train qu'il quittait. Comme

elle était à son nom, elle fut confisquée par les insurgés, qui ne la rendirent jamais.

J'appris au général que non seulement les troupes de l'enceinte avaient été dirigées sur Versailles, mais que, par ordre, on avait évacué le Mont-Valérien. Il n'y voulut d'abord pas croire : « Allons donc, s'écria-t-il, c'est impossible ! Vous aurez mal vu ou mal compris. Il n'est pas admissible un seul instant qu'on ait laissé sans défenseurs ce fort qui est la clé de Paris ! »

Peu de temps après, le général m'emmena avec lui à la préfecture, où s'était installé M. Thiers. Aussitôt arrivé, il entra seul dans la pièce où se tenait une sorte de conférence. J'entendis bientôt le bruit confus d'une violente discussion. Je sus plus tard qu'ayant vivement interpellé M. Thiers sur l'impardonnable abandon du Mont-Valérien, ce dernier lui avait répondu :

« Mais avec quelle troupe aurais-je pu le faire occuper? Je n'en connais aucune en qui je puisse avoir confiance.

— Mais, avait répliqué le général, vous n'avez qu'à choisir parmi les régiments de ligne qui ont combattu sous mes ordres pendant le siège... Je citerai le 119e, par exemple, commandé par le colonel Cholleton. Autorisez-moi à l'envoyer demain dès l'aube au Mont-Valérien ; je vous réponds qu'il ne le lâchera pas.

— Soit, » avait dit M. Thiers.

En sortant de la préfecture, vers minuit, je rencontrai le général de Galliffet, que je n'avais pas revu depuis la bataille de Sedan. Il portait à la main une valise : « Savez-vous, me dit-il, pourquoi je suis ici ? M. Thiers ne se croit pas en sûreté. Il m'a fait appeler et veut que je couche à la préfecture... Et figurez-vous qu'il vient de m'offrir le commandement en chef de toutes les troupes, qui vont opérer contre l'insurrection ! J'ai eu beaucoup de peine à lui faire comprendre que je ne pouvais vraiment pas sérieusement accepter une pareille proposition... »

⁂

Le lendemain, de très grand matin, le 119e était réuni sur la place d'Armes, prêt à partir pour le Mont-Valérien. Le général Ducrot y vint en bourgeois. Les hommes étant au repos, il se rendit de groupe en groupe pour les haranguer et leur expliquer en quelques mots l'importance de la mission qu'on leur confiait. Puis le colonel Cholleton fit rompre les faisceaux et le régiment se mit en marche.

Il venait de réoccuper le Mont-Valérien quand on signala un personnage fortement galonné qui faisait des grands gestes et demandait à parler au commandant du fort. Il était accompagné d'une suite nombreuse.

Cholleton, s'approchant d'un des parapets, lui fit signe de s'avancer sur le glacis opposé. C'était le général en chef Lullier, ancien officier de marine, que j'avais un peu connu très jeune, alors que j'étais sous-lieutenant au 6ᵉ de hussards. Il était le neveu du capitaine Daniel, vieux brave dans les bras duquel il tombait à l'improviste de temps à autre pour y goûter, pendant une quinzaine de jours, les joies de la famille. Son digne oncle nous le repassait volontiers... Exubérant, hâbleur, il posait à vingt ans pour un blasé. Il nous avait déjà semblé alors fortement déséquilibré.

Sur son glacis, il commença un discours emphatique, invitant, somme toute, les défenseurs du fort à le lui livrer... Cholleton sortit sa montre : « Mon ami, lui dit-il, il est neuf heures vingt-cinq. Je vous donne cinq minutes pour vous éloigner. — Non, colonel, répondit Lullier, non, mon cher camarade, je ne m'éloignerai pas ainsi. Je suis venu pour vous sommer, au nom du nouveau gouvernement, au nom de nos frères de Paris, de marcher avec eux, avec nous, la main dans la main. — Mon ami, interrompit Cholleton, avec son fort accent des bords de la Garonne, et en regardant toujours sa montre, il est maintenant 9 h. 27. Vous n'avez plus que trois minutes et je serais désolé vraiment de vous faire du mal... Si à 9 h. 30 vous êtes encore sur le glacis, *foi de Cholleton*, je fais tirer sur vous!... » Et d'une voix de stentor il commanda : « Canonniers, à vos pièces!... »

Mais, quand la demie sonna à l'horloge du fort, Lullier n'était plus en vue...

Deux jours plus tard, trahi par la fortune, il était destitué et jeté en prison par ses « frères ».

XXI

UN DOCUMENT HISTORIQUE

Pendant mon séjour à Versailles, au printemps de 1871, je fus un jour accosté dans la rue par un ancien valet de pied du général Fleury. Je l'avais perdu de vue depuis mon départ de la cour Caulaincourt. Il s'appelait Philippe : « Oh ! mon capitaine, me dit-il — il me croyait toujours ce grade — que je suis heureux de vous revoir après tous ces événements ! — Moi aussi, répondis-je, et que faites-vous maintenant ? — Je suis chez M. Thiers. — Ah ! Et vous êtes content ? — Oui, mais il a de drôles d'idées. Figurez-vous que chaque nuit il oblige l'un de nous à coucher en travers de la porte de sa chambre... »

C'est encore Philippe que je rencontrai plus tard sur la place d'Armés de Versailles. En m'apercevant, il vint à moi : « Je ne puis en croire mes yeux, me dit-il en m'abordant. Et cependant je vous jure que c'est vrai. J'étais de service l'autre nuit quand, vers deux heures du matin, on a sonné à une petite porte de la préfecture... J'ai été ouvrir et savez-vous qui j'ai vu?... C'est tellement extraordinaire que je me demande si je n'ai pas rêvé... Eh bien! c'était le général Fleury! — Le général Fleury, chez M. Thiers, à deux heures du matin, répondis-je, en effet, c'est étonnant. — Il est resté une bonne heure, et puis il est sorti par la même porte que je lui ai ouverte une seconde fois. »

*
* *

C'était bien exact, ce que m'avait raconté Philippe. Le général me l'expliqua plus tard. Voici ce qui avait motivé cette entrevue nocturne.

M. Thiers allait beaucoup chez la princesse Lise Troubetzkoï, dont le salon politico-littéraire réunissait des hommes considérables appartenant à tous les partis. Le général Fleury, que son ambassade à Pétersbourg avait rendu très populaire parmi les Russes, y venait souvent. La princesse avait été séduite par le charme de sa conversation et sa clairvoyance exceptionnelle en politique extérieure, provenant des relations presque familières qu'il avait conservées avec les grands-ducs et avec toute la haute société péters-bourgeoise.

Très intéressée par tout ce qu'elle lui entendait exposer, elle avait dit, un soir au général : « Vous devriez bien faire connaître à M. Thiers ce que vous venez de me raconter. — Mais je ne demande pas mieux, avait-il répliqué; j'estime que l'intérêt de la France est en jeu... Que le Président me manifeste son désir de me voir, je m'empresserai d'accourir. » Cette conversation ayant été rapportée par la princesse à M. Thiers, ce dernier lui répondit que, si le général Fleury venait un après-midi à la préfecture, il le recevrait avec plaisir.

Quand on lui communiqua cette proposition, le général fit remarquer qu'une pareille démarche faite en plein jour prêterait à toute sorte de commentaires, et qu'il était bien décidé à ne se rencontrer avec M. Thiers que secrètement et de nuit... C'est ce qui eut lieu en effet. Mais on avait compté sans Philippe... Je m'empresse d'ajouter que je n'avais naturellement pas abusé de la confidence de ce digne serviteur.

*
* *

Mon vieil ami d'enfance Gasser possède dans ses papiers une lettre extrêmement curieuse, concernant le meurtre des généraux Clément Thomas et Lecomte. Cette lettre tout intime a été écrite par le marquis Napoléon de Montebello, ancien officier de marine, devenu plus tard duc de Montebello, à l'un de nos excellents camarades de La Flèche et de Saint-Cyr, le lieutenant-colonel Ernest Simon, alors capitaine. Tous deux sont morts jeunes.

J'ai pu récemment prendre connaissance de cet émouvant récit d'un témoin oculaire, et, quoiqu'il n'ait nullement été destiné à la publicité, je crois devoir en reproduire ici — avec l'autorisation du chef actuel de la famille de Montebello — les principaux passages, parce qu'ils présentent un réel intérêt historique.

« Reims, le 14 avril 1871.

« Mon bon vieux, je m'empresse de te tirer d'inquiétude.

»… Le 18 mars, vers deux heures, je suis sorti en bourgeois, pour aller voir un peu ce qui se passait dans Paris. Le matin avait eu lieu la tentative infructueuse d'attaque sur Montmartre. Je vais donc me promener sur le boulevard, qui semblait assez calme. Arrivé au Helder, je rencontre le grand Douville, que tu connais peut-être, au moins de réputation. C'est un de mes anciens camarades de pension et d'École navale, qui a donné sa démission il y a longtemps et qui, pendant le siège, était dans le génie auxiliaire. Nous remontons ensemble la rue Pigalle, qui était à peu près déserte, sauf à sa partie supérieure, où un grand nombre de gardes nationaux jouaient au soldat de toutes les façons. Pas mal de promeneurs et de curieux comme nous circulaient librement. Seulement on remarquait des groupes où péroraient des *Bellevillains* sur le Comité central, la trahison de Thiers, de Jules Favre et du général Vinoy.

« Nous écoutions toutes ces absurdités, lorsqu'un certain tumulte se produit sur le boulevard extérieur. Nous voyons une foule immense qui accourait du côté de la rue des Martyrs. Nous suivons cette foule et nous sommes entraînés par elle. Cette troupe de gueux venait d'arrêter Clément Thomas rue Lewal, et le conduisait au comité. Des cris : « A mort! » etc., se faisaient entendre... Enfin, arrivés près de la rue Lepic, nous tournons à gauche dans une ruelle déserte afin de nous soustraire à cette meute enragée, et nous reprenons le chemin du boulevard extérieur. Mais au bout de la rue était une barricade. Là, on nous arrête et nous sommes conduits au comité. D'abord, quelques gardes seulement nous accompagnent. Mais, à mesure que nous avancions, la foule grossissait autour de nous et commençait à devenir menaçante.

« On nous mena ainsi jusqu'au sommet de la butte, tout près de la tour Solférino, dans la maison numéro 6, rue des Rosiers. Nous avions toutes les peines du monde à fendre la foule furieuse qui encombrait la rue et qui, sans savoir qui nous étions, voulait nous fusiller tout de suite. Les gardes qui nous accompagnaient avaient grand'peine à nous protéger, et nous reçûmes bon nombre de coups de poing et de coups de crosse... Enfin, nous arrivons à la fameuse maison qui se compose d'un corps de logis entre cour et jardin, à un étage. On nous fait monter au premier, dans une petite chambre donnant sur le jardin et servant de bureau au comité. Cette chambre était pleine de voyous de toute sorte, hurlant, criant, donnant tous des ordres, et tous armés jusqu'aux dents.

« Un individu, habillé en lieutenant du train, et qui prenait le titre de commandant de place, nous interroge en mauvais français... Il semble avoir complètement perdu la boule au milieu de tout le tapage qui l'entoure, et réclame le silence qu'il ne peut obtenir... Enfin, lorsque nous lui eûmes expliqué notre affaire, il nous dit que nous étions libres, mais qu'il nous engageait fort, dans notre intérêt, à attendre que toute cette rage fût enfin un peu calmée. On entendait au dehors un tapage épouvantable dont nous ne connaissions pas le motif, mais que nous n'avons pas tardé à comprendre...

« En effet entrent tout à coup deux individus barbus et sales qui se disent membres du comité. Ils ont l'air affolé, déclarant qu'à tout prix « il faut s'opposer à cela », et donnant toute espèce d'ordres incohérents que nul ne songe à exécuter. Enfin, ils ouvrent la fenêtre et crient à la foule qui était dans l'enclos de s'arrêter, « qu'il faut le juger ». Mais personne ne paraît entendre. Dans le jardin sont des gens de toute sorte, gardes nationaux, soldats, etc., etc., et un médecin en capote grise, qui pérore et qui, d'après les quelques mots que j'ai pu saisir et la suite de ce drame, excitait la foule au meurtre et au massacre.

« Tout à coup, la porte du fond du jardin s'ouvre, et la foule entre, entraînant le malheureux Clément Thomas, qui était déjà tout déchiré et tout sanglant. Les membres du comité tentent encore un dernier effort... Ils crient par la fenêtre... Mais personne ne les entend... On pousse ce malheureux contre le mur, et de tous les côtés partent des coups de fusil, les uns après les autres, sans ordre, comme à la cible... C'est épouvantable! Au premier coup, Clément Tho-

mas lève la main et crie : « Vive la République ! »
Il n'est tombé qu'au trente ou trente-cinquième…
Alors cette meute s'est ruée sur son corps. On
l'a lardé de coups de baïonnette. Ces brutes l'ont
déchiré… et ont fait sur lui toute sorte d'ordures
et d'excréments… Des femmes même, si l'on
peut appeler cela des femmes, étaient parmi les
plus féroces…

« Cependant, le calme semble un peu se rétablir, et le jardin se vide petit à petit, lorsque, de
la maison où nous étions, sort un autre groupe
de furieux qui entraîne le général Lecomte, et
la même scène recommence. Nous nous attendions à y passer à notre tour. Mais, heureusement pour nous, la rage des assassins s'était
assouvie sur les deux malheureux cadavres…
Les membres du comité, après le coup fait, sont
tous arrivés les uns après les autres — car je
crois avoir dit qu'ils n'étaient que trois au commencement, lesquels trois ont tenté de s'opposer
à ce crime. Alors, ils ont protesté, disant qu'ils
n'étaient nullement responsables de cet « accident » *(sic)*, et ont dressé un procès-verbal qu'ils
nous ont demandé de signer avec eux ; comme,

en effet, ceux qui étaient présents avaient vivement protesté, nous avons signé, et on nous a donné une escorte pour nous accompagner jusqu'au boulevard extérieur...

« Voilà, mon cher ami, le récit véritable de ce que ces citoyens appellent un accident! »

XXII

A RENNES ET CHERBOURG

Le 22 mars, une démonstration pacifique avait été tentée par les gens d'ordre. Formant une masse imposante, ils descendirent les boulevards sans être porteurs d'aucune arme apparente et se dirigèrent vers la place Vendôme, où était installé l'état-major insurrectionnel.

En passant rue de la Paix, la tête de cette colonne fut accueillie à coups de fusil par les fédérés. Il y eut un moment de grande confusion... Quand le calme fut un peu rétabli, on constata que cette décharge avait tué douze manifestants inoffensifs et fait d'assez nombreux blessés, parmi lesquels Henry de Pène et M. Gaston Jollivet.

« Cette même nuit — celle du 23 au 24 — lit-on dans l'ouvrage de Louis Fiaux, le général Ducrot, toujours ardent contre ce Paris qu'il déteste (!)

dirige sur le plateau de Châtillon, vers le Haut-Clamart et Bagneux, une reconnaissance offensive de cavalerie. »

C'est ainsi, hélas ! que s'écrit souvent l'histoire. La vérité est plus modeste. La voici : Deux jours après la terminaison sanglante de la « manifestation de la place Vendôme », on n'était pas sans inquiétude sur ce qu'allaient tenter les insurgés. Le général Ducrot, pour voir par lui-même ce qui se passait entre Versailles et Paris, monta à cheval de bonne heure avec trois de ses anciens officiers, dont j'étais. Il emmena avec lui le général de Galliffet, à qui je prêtai, pour cette promenade, mon cheval Cadio.

Nous étions tous en bourgeois et sans autres armes que nos cravaches... Arrivés à quelques kilomètres de Versailles, nous aperçûmes un certain nombre de gardes nationaux en uniforme, disséminés dans les champs et paraissant occupés à des travaux de culture. Chacun avait auprès de lui son fusil. Intrigués, nous nous approchions d'eux, lorsque plusieurs nous mirent en joue... A cette vue, notre petit groupe courut sur eux au galop... Quelques-uns s'enfuirent à toutes jambes.

Mais nous ramenâmes néanmoins, au milieu de nous, deux ou trois de ceux qui avaient fait mine de tirer sur nous...

Telle fut la « reconnaissance offensive de cavalerie dirigée par le général Ducrot » le 24 mars 1871.

*
* *

Le 28, la Commune était définitivement organisée. Mais les convois de prisonniers commençaient à arriver à Cherbourg et à Cambrai. Il est vrai que les hommes ainsi rapatriés appartenaient à toutes les armes et à tous les régiments; il fallait les grouper par corps, puis les habiller, les armer et les encadrer.

Le 31, j'étais de nouveau attaché comme officier d'ordonnance au général Ducrot, nommé commandant en chef des troupes en organisation à Cherbourg.

Nous partîmes d'abord pour Rennes, d'où le général m'envoya en mission dans le Morbihan, le Finistère et les Côtes-du-Nord, pour conférer sur place avec les autorités militaires et civiles des principales villes de ces départements et voir avec elles ce qu'on pourrait former de troupes des diverses armes au moyen des ressources locales en hommes, en chevaux et en matériel de toute sorte.

Les trois préfets me firent la même réponse : « Les Bretons sont écœurés de ce qu'on a fait d'eux dans les derniers temps de la guerre contre l'Allemagne. Ils sont prêts à reprendre du service sur place pour défendre leurs foyers. Mais il ne faut pas compter sur eux pour aller combattre hors de Bretagne. »

A Rennes, nous trouvâmes le général de Charette occupé, avec ses officiers, à augmenter le plus possible le nombre de ses valeureux volontaires pour le porter à deux mille. C'était le chiffre minimum fixé par le ministre de la guerre pour que la légion fût admise à venir, à Versailles, prendre sa part des combats qui allaient se livrer pour la cause de l'ordre.

Le général Ducrot fut séduit, comme nous

tous, par la personnalité du général de Charette, grandie encore par la part si glorieuse qu'il avait prise, avec ses zouaves, à la défense du territoire. En abordant ce superbe soldat, à l'aspect si sympathique, au regard clair, loyal et doux, on sentait qu'on était en présence d'un croyant d'un autre âge, animé par la foi la plus vive et prêt à tous les sacrifices pour sauver la société menacée. Beaucoup d'officiers de mobiles ou de mobilisés, d'éclaireurs de Cathelineau et d'anciens francs-tireurs étaient accourus à Rennes pour y signer un engagement de trois mois. Et cependant, les cadres de la légion étant au complet, tous ces braves ne pouvaient être acceptés que comme simples volontaires.

Le général Ducrot les inspecta, félicita vivement le général de Charette du zèle patriotique qu'il ne cessait de déployer et lui témoigna chaudement son admiration pour les éclatants services que lui et ses zouaves avaient déjà rendus à la France...

*
* *

A côté du grave, le plaisant trouva aussi sa place pendant notre court séjour à Rennes.

Je m'y croisai un jour, dans la rue, avec un jeune officier, dont la vue m'émut de pitié. Il avait une jambe en Z, un bras en écharpe et un large bandeau noir sur un œil... En m'apercevant, il vint à moi : « Tu ne me reconnais pas? me dit-il. — Ah! mon pauvre ami, m'écriai-je en entendant le son de sa voix, dans quel état la guerre t'a mis! — Oui. J'ai été bien démoli. Il y en a qui vont partout sans rien attraper, et d'autres qui ont moins de chance... » Je m'efforçai de lui prodiguer mes consolations... Et je le plaignais sincèrement d'être ainsi, à vingt ans, défiguré et, sans doute, estropié pour le reste de sa vie...

Quel ne fut pas mon étonnement en le retrouvant, peu de jours plus tard, à Versailles, avec ses deux yeux bien ouverts, ses deux jambes et ses deux bras intacts!...

Je n'ai jamais osé, depuis, lui demander quel

était le chirurgien — ou le saint — qui avait opéré ce miracle...

* * *

Aussitôt arrivé à Cherbourg, le général Ducrot s'occupa de mettre de l'ordre dans les masses d'anciens prisonniers qu'y débarquaient les transports envoyés sur les côtes allemandes pour les rapatrier. On les classait par armes, puis on les habillait à la hâte, on les équipait et on les armait. Après quoi, on les formait en escadrons, compagnies ou batteries.

Le 19 avril, il y avait à Cherbourg 8,000 hommes ainsi organisés. Les arrivées des transports se succédant assez lentement et les événements devenant de plus en plus graves, le gouvernement décida d'appeler à Versailles, par les voies les plus rapides, les troupes prêtes à être embarquées en chemin de fer.

Nous partîmes immédiatement.

Que se passa-t-il ensuite entre M. Thiers et le général Ducrot? Je ne l'ai jamais su bien exactement, mais il ressort des confidences que notre chef voulut bien nous faire à cette occasion, et des conversations que j'eus plus tard avec lui, que le célèbre historien du Consulat et de l'Empire, commentateur érudit des campagnes de Napoléon Ier, se croyait imbu de la science de son héros et, comme tel, passé maître dans l'art de la guerre. Il prétendait donc diriger à son gré le siège de Paris, sans s'astreindre à suivre les conseils des maréchaux et des éminents divisionnaires qui avaient le commandement des troupes.

C'est ainsi qu'ayant voulu imposer au général Ducrot, sans l'avoir aucunement préparée, une opération qui eût paru vraiment par trop aléatoire à n'importe quel officier imberbe, dans les conditions où elle allait être ordonnée, notre général se refusa absolument à assumer la responsabilité d'une semblable entreprise. Et il pria respectueusement M. Thiers de le décharger du commandement qui venait de lui être confié depuis trois semaines; ce qui eut lieu le 22 avril.

Quelques jours plus tard, j'étais mis en non-activité « par suppression d'emploi ». J'en profitai pour aller en Angleterre, où m'appelaien d'ailleurs des affaires personnelles, saluer Ceux que j'avais servis loyalement quand ils étaient au faîte de la puissance et des honneurs impériaux…

*
* *

Les événements nous avaient tous ainsi séparés de notre ancien général en chef, que notre vénération et notre respectueux et inaltérable dévouement accompagnaient dans sa retraite momentanée.

Plusieurs d'entre nous devaient plus tard se retrouver encore sous ses ordres, entre autres notre bon et excellent camarade le docteur Sarazin.

Quand le général Ducrot fut appelé au commandement du 8ᵉ corps d'armée, il le fit nommer à Bourges pour l'avoir auprès de lui.

Sarazin parlait l'allemand et l'anglais. Il avait lu tous les ouvrages de chirurgie publiés dans ces deux langues et il admirait beaucoup les idées des Américains sur l'hygiène. Il était d'ailleurs plein d'esprit. Pendant son séjour à Bourges, il reçut un jour, en sa qualité de membre correspondant de l'Académie de médecine, la visite de plusieurs savants, délégués par la docte assemblée, pour étudier les causes de la fréquence de la gravelle et de la pierre dans la région. « Décidément, dirent-ils à leur confrère en le quittant, nous ne voyons pas du tout ce qui, dans la composition de votre eau, peut causer si fréquemment la formation de graviers...

— Mais, fit doucement remarquer Sarazin, c'est précisément parce que les gens de ce pays n'en boivent jamais, qu'ils sont si sujets à la gravelle... »

Pour bien goûter le sel de cette réponse, il faut se représenter Sarazin avec sa belle tête de Christ et sa placidité apparente, qui donnait à ses reparties une saveur toute particulière.

*
* *

J'avais eu également pour camarade, à l'état-major particulier du général, le prince Alexandre de Wagram, d'une vigueur et d'une force corporelles peu communes.

Propriétaire du château historique de Gros-

Bois, son premier soin fut de s'y rendre aussitôt qu'il put franchir les lignes. Gros-Bois était occupé par les Bavarois, qui étaient venus s'y refaire après la bataille de Coulmiers et n'en bougèrent plus jusqu'à la libération du territoire.

« Ah! si vous aviez fait donner contre nous, à la fin de la journée, une nombreuse cavalerie, dit plus tard au prince le général von der Tann, je ne sais pas ce que nous serions devenus, car nous étions bien malades, à certain moment... »

Pendant leur séjour à Gros-Bois, les Bavarois se conduisirent très correctement. Ils ne firent aucun dégât, grâce aux mesures prises par leur général. Des sentinelles avaient été placées un peu partout et la visite du château n'était permise qu'à six soldats à la fois. Le général von der Tann y logeait avec son état-major, dont faisaient partie les Princes de Bavière, que mon vaillant camarade se refusa d'ailleurs toujours absolument à voir, quoiqu'il fût leur parent.

Quand Wagram arriva à Gros-Bois, il fut arrêté par le poste qui en gardait l'entrée. Il était en capitaine de mobiles : « Que voulez-vous? lui demanda-t-on. — Rentrer chez moi. — Chez

vous? — Oui. Je suis le propriétaire du château. » On le conduisit au général von der Tann,
qui l'accueillit fort poliment, et il se réinstalla
dans cette superbe demeure, où pendaient aux
murs les portraits de membres de la famille
royale de Bavière.

*
* *

Un jour, cependant, survint un incident, futile
en apparence, mais qui eut des conséquences
tragiques.

Il y avait dans la rivière un bateau appartenant au prince et qu'on y avait coulé par ses
soins. Des soldats bavarois, s'étant avisés de le
remettre à flot, y avaient attaché des cordes et
s'amusaient à cet exercice. Wagram les aperçut
et les invita à laisser le bateau où il était. Ils n'en
tinrent aucun compte. Le prince et un de ses amis,
les ayant vus ricaner de façon fort impolie, leur
tombèrent sur le dos à coups de bâton ; les troupiers
ripostèrent ; ce que voyant, des habitants du village accoururent... Bientôt, la mêlée fut générale.

Des officiers bavarois, qui buvaient des chopes dans un café voisin, voulurent s'interposer brutalement. Leurs manières hautaines et leurs paroles blessantes déplurent au prince de Wagram : « Je suis ici chez moi, leur cria-t-il. Je vous invite à me laisser en paix. Et, si vous n'êtes pas contents, je suis prêt, messieurs, à vous rendre raison... à vous tous, vous m'entendez bien?... les uns après les autres! » Rendez-vous fut pris, en effet, pour le lendemain. Comme il n'y avait pas, à Gros-Bois, d'armes françaises, on se battit au sabre d'ordonnance de Bavière.

A peine en garde, Wagram blessa son premier adversaire si grièvement qu'il en mourut quelque temps plus tard. Aussitôt ce compte réglé, il s'aligna avec un second Bavarois, qui reçut également une forte estafilade. Quant à lui, il fut aussi touché à l'avant-bras droit... Le combat aurait continué, si le général von der Tann n'était venu y mettre le holà. Il renvoya de Gros-Bois quelques officiers et menaça Wagram de l'expulser lui-même de chez lui, si cette querelle ne prenait pas fin...

A partir de ce moment, tout le monde fut pour lui d'une politesse extrême, tant que dura l'occupation, et l'on put voir le prince Alexandre de Wagram chassant dans les tirés de son parc, avec des soldats bavarois pour rabatteurs...

NOMS CITÉS DANS L'OUVRAGE

TABLE DES MATIÈRES

PARIS

TYPOGRAPHIE PLON-NOURRIT ET Cⁱᵉ

8, rue Garancière